verbetes para um dicionário afetivo

Copyright © 2021
Ana Paula Tavares, Manuel Jorge Marmelo,
Ondjaki e Paulinho Assunção

editoras
Cristina Fernandes Warth
Mariana Warth

coordenação de produção,
projeto gráfico e capa
Daniel Viana

revisão
BR75 | Aline Canejo

Esta edição mantém a grafia dos textos originais, adaptados ao novo Acordo Ortográfico da Língua Portuguesa, dando preferência às grafias locais (Angola, Brasil e Portugal) quando houver mais de uma forma registrada.

Todos os direitos reservados à Pallas Editora e Distribuidora Ltda. É vetada a reprodução por qualquer meio mecânico, eletrônico, xerográfico etc., sem a permissão por escrito da editora, de parte ou totalidade do material escrito.

CIP-BRASIL. CATALOGAÇÃO-NA-FONTE
SINDICATO NACIONAL DOS EDITORES DE LIVROS, RJ

V585

Verbetes para um dicionário afetivo / Ana Paula Tavares ... [et al.]. - 1. ed. - Rio de Janeiro: Pallas, 2021.
    208 p. ; 21 cm.

    ISBN 978-65-5602-039-6

    1. Poesia angolana. I. Tavares, Ana Paula.

21-70846   CDD: A869.1
                             CDU: 82-1(673)

Camila Donis Hartmann - Bibliotecária - CRB-7/6472

Pallas Editora e Distribuidora Ltda.
Rua Frederico de Albuquerque, 56 – Higienópolis
CEP 21050-840 – Rio de Janeiro – RJ
Tel./fax: 21 2270-0186
www.pallaseditora.com.br | pallas@pallaseditora.com.br

vérbetes para um dicionário afetivo

Ana Paula Tavares
Manuel Jorge Marmelo
Ondjaki
Paulinho Assunção

Rio de Janeiro | 2021

ABERTURA

E haverá maior graça do que esta de descobrir (abrir as cortinas) as palavras penduradas na Huíla, em Belo Horizonte, em Luanda, no Porto, Lisboa e Rio de Janeiro já curtidas pelo sol de outros dicionários e arrancar-lhes ainda assim a luz escondida que as faz e trazê-las à desordem dos nossos dias e noites?

Ana Paula Tavares

E as memórias são, às vezes, construções efémeras que o tempo corrói e derruba. Valem enquanto testemunho de um lapso. E é só.

Manuel Jorge Marmelo

Haveria de chegar o dia em que as palavras encostar-se-iam umas às outras a fazer cama de vento, assobio chuvoso de prosa em distância de ponte, falésia morna para receber as quatro chuvas, a muitas mãos, a muitos sonhos.

Para mim, seria (para sempre...) uma "mínima enciclopédia de olhar e de sentir" e haveria de agradecer aos três companheiros de viagem o privilégio de terem permitido que também eu me aproximasse. Eu e as minhas mínimas palavras de sentir para olhar outra e outra vez. Como se olham as coisas vagarosas.

Ondjaki

Este livro nasceu em louvor à amizade. E está inconcluso, em progresso, porque, mesmo para o leitor, outros verbetes estarão nas vizinhanças das páginas, como que em revoo de pássaros. E é um livro da nossa língua, a nossa língua brasileira, angolana, portuguesa, diversa e única, cordas de muitos tons em um mesmo instrumento. Pela língua, a nossa língua, fotografamos as nossas memórias verdadeiras e inventadas, porque recriam o que já ficou tão distante e também não nos abandona.

Foi assim que eu imaginei esses Verbetes alguns anos atrás, ali por volta de 2010, e, ao ser imaginado, tratei de invocar de início a vinda do Jorge e da Paula para percorrermos juntos essa revisitação aos lugares quentes e fulgurantes das nossas lembranças. E então Ondjaki chegou para caminharmos todos os quatro de mãos dadas. Deu visgo; a massa ganhou mais consistência, o pão deu boa fornada. E depois da edição portuguesa pela Caminho em 2016, aqui chegamos agora ao leitor brasileiro, acolhidos pela Pallas.

Paulinho Assunção

SUMÁRIO

ANIMAIS
as cabras **12**
todos mortos, menos os cães **13**
aquelas andorinhas **15**
todos os bichos **16**

APARIÇÕES
o quarto do enforcado **20**
febre **21**
deslembramentos **23**
por detrás das coisas **25**

ÁRVORES
árvores **28**
jacarandá **29**
nesta sombra faz sol **31**
abacateiro **32**

BRINQUEDOS
o sonho de porcelana **36**
derby de sameiras **37**
depois da caixa-de-música **38**
certas sinfonias **39**

CASAS
a casa **42**
coelhos e galinhas **43**
uma lista de coisas **45**
casa que era cais **46**

CHUVAS
a chuva   **48**
refúgios   **49**
vivemos a chuva em nós a partir do mar   **50**
todas as chuvas   **52**

CINEMA
e do céu caíam estrelas   **56**
trinitá   **58**
sopros e sentimentos   **60**
duelo com gími rêndrics   **61**

ESPELHOS
o espelho   **64**
atrás da porta   **65**
só depois da chuva   **67**
magia dos espelhos   **68**

FAZERES
afazeres   **72**
ricardo não, josé   **74**
futurologia da duração das alegrias   **75**
caixa-de-fazer   **76**

FIGURAS
a velha felícia   **80**
lúcia, a mais louca das loucas   **81**
os regressos da ana maluca   **83**
o homem que ria   **86**

GEOGRAFIAS
nossas geografias **88**
mapa **89**
uma criança espera que o
    mundo lhe regresse em breve **90**
o chamado do horizonte **91**

HÚMIDO
a gota d'água **94**
sangue **95**
andava um homem pesado... **96**
a letra e a noite **97**

IMAGINAÇÃO
imaginação **100**
a vaca e o hambúrguer **101**
cheio de chuva **102**
a carta imaginada **103**

JOGO
o jogo **106**
ténis de mesa **107**
estiga **108**
da montagem de um livro, sempre jogo **109**

KALAHARY KAMALEÃO
deserto **112**
animais imaginários **113**
pensava que era kalahary, afinal era azul **114**
a língua dos camaleões **115**

LUAS
os círculos vermelhos da lua **118**
fêmeas e machos **119**
lua quê? **120**
de enluarados e lunáticos **122**

MARES
atlânticos **126**
medo **127**
a cicatriz da água **128**
outro mar **129**

MIGRAÇÕES
transumâncias **132**
viagem nenhuma **134**
eu queria mesmo era... **136**
idas e vindas **137**

NAMORO
namoro **140**
o primeiro sorriso do mundo **141**
manoelês **142**
a senhora língua portuguesa
    quer namorar comigo **144**

PÁSSAROS
pássaros como gente **148**
andorinhas **149**
afinal o odorico sabia cantar **150**
a alma dos gatos **152**

RUAS
a rua e as últimas casas **156**
carreiras **157**
no makulusu, na infância **159**
todas as ruas, a rua **161**

SACRIFÍCIOS
uma vez por ano **164**
fato completo **166**
era uma palavra perto da outra **168**
o assassinato do porco **169**

TESTEMUNHO
as coisas que eu sabia... **172**
o boné do camisola amarela **173**
o lado aberto da ferida **175**
testemunhos imaginantes **176**

TERRA
terra **178**
terra na boca **179**
pequena lista dentro da palavra "terra" **180**
na terra vermelha, as tanajuras massacradas **183**

UANGA (FEITIÇO)
feitiço **186**
o futuro do céu **187**
afagar o corpo da infância com terra **188**
enfeitiçados **190**

VARANDAS
fronteiras **194**
sobre o douro **195**
cuidar da chuva **196**
o pai cai do céu **197**

ZIGUEZAGUES
andar de arco **200**
movimento obrigatório **201**
ziguecasas **202**
os pés escreventes **204**

sobre os autores **206**

animais

AS CABRAS
Ana Paula Tavares

Na nossa infância pobre duas coisas eram abundantes, nós, os miúdos, e as cabras. Ao mesmo tempo que os miúdos deixavam a casa, pela manhã ainda tontos de sono e o corpo confortado de pão e café, as cabras saíam do curral para sobreviver comendo pedras, mastigando tudo.

Com elas pastávamos por um espaço infinito voltando ao curral à tardinha. Como elas, não tínhamos um nome certo, mais miúdos que pessoas. Com elas partilhávamos uma pele macia ainda de leite, o salto em altura, o conhecimento dos caminhos, a vida mansa da falda da serra. Nunca nos perdíamos e numa qualquer distração havia sempre uma cabra perto roendo a vida devagar para nos ensinar o caminho.

Com elas aprendemos a ouvir as vozes de dentro, a responder aos chamados das mães e daquele pequeno centro do mundo, para nós e para as cabras o universo, onde vivíamos e colocávamos o canto calado da esperança.

Eram nossas amigas as cabras e com elas começámos a viver a vida verdadeira aos saltos, mastigando papel.

TODOS MORTOS, MENOS OS CÃES
Manuel Jorge Marmelo

Cães tive dois, mas nenhum deles aguentou mais de alguns dias no quintal da casa. Ladravam e investiam sobre mim nas suas brincadeiras, o que me assustava. Foram liminarmente expulsos e deportados para onde pudessem ser felizes e estimados. Tive outros dois patos, pequenos e amarelos, mas a sua vivência foi também efémera: na noite do dia em que chegaram ao galinheiro do fundo do quintal, os ratos comeram-nos e nem a penugem deixaram. As galinhas duravam mais tempo e algumas chegavam a velhas depois de escaparem, não sei por que artes, ao destino da panela. Eram nervosas, cacarejavam e não raro defendiam os brios à bicada. O meu encantamento, porém, ia todo para os coelhos, felpudos e quietos, com os olhos vivos no fundo da coelheira. Era capaz de ficar ali uma tarde inteira, enfiando caules de couve pelos buracos estreitos da rede, sentindo a vibração dos dentes deles consumindo o vegetal. E custava-me vê-los depois, pendurados pelas patas traseiras numa corda presa a um galho de limoeiro, enquanto o avô lhes despia, uma só peça, a roupa fofa. Panela com eles, pois, que o estufado da minha mãe era, e ainda é, de fazer estalar os beiços. As rolas brancas tiveram ainda sorte pior, atacadas por uma peste qualquer que as deixou entregues às formigas.

Os animais da minha casa pareciam destinados ao insucesso, fosse qual fosse a razão dos seus azares. Havia ainda, é certo, os gatos vadios que não respeitavam os muros e frequentavam os quintais todos. Eram tão ariscos e assustadiços que ninguém era suficientemente lesto para agarrar um que fosse. De certo modo, eram fascinantes na sua rebeldia, no modo furtivo como rondavam a casa quando cheirava a peixe, como desfilavam desafiantes quando tinham os humanos a uma distância prudente. Tinham sobejas razões para desconfiar, os gatos do meu quintal, pois a minha avó, cujos fígados não eram pródigos na amizade dedicada aos bichos incomestíveis, manteve durante anos um hábito pérfido, que só ocasionalmente tinha ocasião de praticar: quando alguma gata era surpreendida pelas dores do parto em algum canto do terraço e aí mesmo tinha que parturejar a ninhada das crias. Os pequenos felinos eram minúsculos e encantadores, fofos como brinquedos de peluche e indefesos, muito indefesos, sobretudo se a minha avó, temente a Deus mas não ao Deus dos gatos, chegava a tempo de afogá-los em alguma bacia com água, antes que a mãe ou nós, as crianças, conseguíssemos transferi-los para quintal mais seguro.

AQUELAS ANDORINHAS
Ondjaki

assim:
   "quem dizia as horas eram as andorinhas no lado
   sujo do telhado. nós vivíamos as horas pelo fim da tarde.
ríamos o ocaso."

   ou:
   andorinhas: eram as da casa da tia Iracema, mãe do Jika; porquê a tia Iracema queria expulsar as andorinhas tantas vezes, era coisa que eu mais desentendia.
   fim da tarde: que tem a ver com os suores de termos andado de patins ou de bicicleta; os pés cheios de chulé; o banho era só depois, mais tarde, e antes do jantar; que às vezes, mentíamos de já ter tomado banho, só a lavar os sovacos para a minha mãe não desconfiar.

   o ocaso: o sol se punha no outro lado da minha escola; de amarelos, os galhos queriam atropelar os telhados; a zona verde ficava tão bonita de se escurecer connosco; os donos do ocaso éramos nós — de olhar para ele a ruir-se.

TODOS OS BICHOS
Paulinho Assunção

O primeiro bicho foi um policial de pelagem cinza e negra, de nome Tarzan. Depois veio uma pomba, a Laica, para a qual construí uma casa de caixote junto à fornalha, e coloquei, em um de seus pés, um anel feito com fio de cobre. Lembro-me de que Laica gostava de ouvir a conversa dos adultos em todos os começos da noite. Ela vinha e se deitava na sala, descansava a cabeça sobre uma das asas e ali permanecia, serena, de modo a ter acesso aos assuntos do dia. Mais tarde foi a vez de uma galinha preta, rabicó, de pescoço pelado, que atendia pelo singelo nome de Floripa. Esta encerrou os seus monótonos e humildes dias galináceos dentro de uma panela. E aquele foi um dos mais trágicos domingos da infância, pois só soubemos da execução de Floripa (de sua degola, de seu martírio) quando já havíamos terminado de almoçá-la.

Houve o Arthur, um canário que, lá em sua mais que singular idiossincrasia de canário, ameaçava-me com bicadas todas as vezes em que eu lhe oferecia o alpiste. E houve também o Oswaldo, um coelho que apareceu na minha varanda ainda com o tamanho de um camundongo. Preto, com uma pinta branca no peito, ele era — se não há aqui o pecado de traçar em tão poucas linhas tão rica personalidade — um amigo: gostava de se acomodar no meu colo e ali dormir, ali ressonar junto à lombada de um livro, em paz como poderíamos imaginar o sono de um santo. Igualmente trágico seria o fim desse Oswaldo. Impossibilitado de ir comigo para uma outra casa, tive notícias de que o seu novo dono, certamente um troglodita em tudo desalmado, fizera dele o prato principal de uma tarde domingueira, entre cervejas e sons de um jogo de futebol transmitido pelo rádio.

Luna era uma poodle negra, gigante e sorridente; Brisa era uma cocker spaniel igualmente preta, anã, com um defeito nas patas traseiras. Luna possuía diabelhos no corpo; Brisa era a própria meiguice.

Opostas em tudo, elas dormiam porém juntas, sem rusgas e contendas, numa casa que lhes construí com restos de material de construção. Luna e Brisa seriam sucedidas pelo Nick, um poodle miniatura, abricó, doce com as mulheres, ranzinza com os homens. Nick foi um sujeito um tanto filosófico, longevo e viajado. Lembro-me de seu desembarque certa vez no aeroporto de Los Angeles, soltando impropérios para os homens da alfândega. Lembro-me de sua paciente e resignada estadia na Califórnia, muito quieto ouvindo Beethoven, Ravel, Brahms e Bach, de modo a que permanecesse calado e clandestino por causa da proibição de caninos no campus da Universidade da Califórnia.

Hoje tenho o Faraó, o Trótski e o 007. Faraó é um schnauzer sal e pimenta; Trótski é um canário gloster, baixote, arredondado; 007 é um peixe azul. Linguagens diversas eu uso, obviamente, para me comunicar com os três. Faraó pede lutas e embates e acredita que a vida, por essência, é feita de adrenalina. Trótski, embora o nome revolucionário, apresenta modos de cantor de ópera. E o 007, em sua existência de aquário, parece olhar o mundo que o cerca com total indiferença, e acredito ser ele um peixe aristocrático, monárquico, envolvido com minuetos e valsas. Não sei o que os três pensam a meu respeito. Mas ficaria contente se me imaginassem pelas teias e novelos dos seus bons pensamentos.

aparições

O QUARTO DO ENFORCADO
Ana Paula Tavares

O senhor António fazia parte do nosso dia a dia embora nunca o houvéssemos visto. Não constava da galeria dos retratos de família que a madrinha espalhava por cima dos móveis e que nos fazia ver o passado a preto e branco e várias dimensões: gente muito nova com roupas de frio e de festa e sorrisos frescos que, por vezes, surpreendíamos, agora já murchos e cheios de rugas, nas caras de alguns habitantes da casa. Cada uma das fotografias ilustrava os dias felizes da casa. Não havia fotografias da tristeza. A madrinha conservava assim o passado em molduras de prata com o mesmo estremecimento com que vigiava todas as partes do seu reino constituído por casa, jardim e quintal.

Como as outras pessoas o senhor António fazia parte do passado e do presente ao mesmo tempo. O quarto onde tinha morrido (com corda e nó de correr) não era usado por ninguém, mas dava guarida a mesas empenadas, cadeiras sem pernas, espelhos partidos, carros sem rodas, livros muito velhos e um sempre-em-pé partido ao meio. Nós deslizávamos por ali em busca de segredos e sons antigos. O quarto cheirava vagamente a tabaco e água de colónia lavanda. De vez em quando, ao lusco-fusco, parecia-nos, que um homem de fato de caqui e camisa branca estava encostado à parede com um vago sorriso debaixo do bigode preto. O fumo do cachimbo escapava-se pelo vidro partido da janela e a cadeira de baloiço rangia docemente.

FEBRE

Manuel Jorge Marmelo

Vivi uma única aparição na vida, mas sei que foi um sonho e que a causa do meu desvario foi a febre. Tentei descrever o sucedido num conto, mas o que saiu foi uma prosazinha ruim, o que prova que não é escritor de contos fantásticos quem quer, mas apenas quem pode e quem sabe. Excesso de positivismo é, neste caso, uma falha grave. Quando se descrê de tudo o que é impalpável, até a matéria dos sonhos perde consistência e verosimilhança, torna-se inútil para a literatura.

O caso foi o seguinte: vi-me atacado, em criança, por um sarampo bravo, desses que provocam febres pesadas e, com elas, sonhos tumultuosos e alucinações. Nessa altura, lembro-me bem, ainda não tinha começado a descrer das religiões. Os meus pais foram — ou tinham ido, não sei bem — peregrinar a Fátima, a pé, como se impunha. E eu era uma criança doente. Com febre.

Num dos seus ataques, talvez o mais violento, não sei se dormia ou se estava acordado. O que recordo é que os meus pais surgiram na porta do quarto, vestidos de noivos tal qual costumava vê-los no álbum fotográfico do casamento deles: elegantes e bonitos, o meu pai de fato preto, a minha mãe de vestido branco (os retratos da cerimónia são todos a preto e branco, os sonhos também). O meu pai vestido de noivo era apenas o meu pai, mas a minha mãe estava diferente; era a minha mãe, mas era também, ao mesmo tempo, a própria figura de Nossa Senhora, pura e luminosa no seu vestido elegante e branco. O meu pai trazia, pois, a virgem pelo braço. Sorriam os dois um sorriso beato e estavam envolvidos num halo de luz.

Esta foi a única aparição que tive. Devo-a à febre e ao sarampo. Hoje não acredito sequer em santos, em deuses ou em aparições.

DESLEMBRAMENTOS
Ondjaki

o que me lembrava dela, era o apito.

era pela mão da avó catarina que eu recebia o apito. mesmo que eu emprestasse o apito a alguém, vizinhos ou primos, durante a nossa excursão de carnaval pelo bairro da PraiaDoBispo, a responsabilidade do apito era minha. da minha mão, no fim do dia, o apito tinha que voltar para a mão da avó catarina.

agora, de segredo: era isso. nem ninguém falava.

o bonito, era esse vagaroso esquecimentozinho: a avó catarina retirou-se das nossas vidas sem falar a palavra "adeus" nem fazer ruído de pedir com-licença. hoje eu penso que mesmo até da própria vida dela ela saiu devagarinho. a morte às vezes é uma coisa de susto, ou porque sabemos que alguém está doente e vai morrer; ou porque a pessoa morre toda derrepentemente. mas a avó catarina sabia mexer na morte dela com lentidões de esquecimento. acho que era como uma pessoa a limpar os pés para entrar numa casa; só que ela fez ao contrário: o silêncio dos pés dela foi para sair da nossa vida de cada um.

afinal aquilo não era um esquecimento. era, antes, um moroso deslembrar. o palco sagrado das conversas eram dois: na varanda ou no quintal. testemunhas: os mosquitos e os morcegos. banda sonora: alguma televisão com som alto a dar bonecos ou telenovela. se não houvesse luz? brincadeira gritada de cinema bu, todos contra todos, nas vozes de descrever os filmes que ainda nem tínhamos visto. nesse circo, alguém ia se inscrever nos que já a deslembravam: *mas a avó catarina morreu quando?*

o público, eram dois: os que nem ligavam à pergunta. os que se calavam em segredo e sorriso. as pessoas, devagar, começavam a não lembrar da avó catarina. primeiro já não se vê quando ela desce as escadas. depois não se ouve mais a voz dela. depois pensa-se que o quarto dela é um lugar vazio e penumbroso.

na PraiaDoBispo, cada um se deslembrou da avó catarina quando chegou a vez dele.

eu que vi os olhos e a voz dela falarem comigo é que não posso não falar. fui o último. quando olho o apito, sei o que tenho de escrever.

POR DETRÁS DAS COISAS
Paulinho Assunção

Por detrás de uma porta, um vulto. Passos no assoalho. Arrastar de correntes, móveis que se movimentam, de repente um ar gelado entra pela casa e passa por nós, roça em nós, roça em nossos braços e em nossas pernas. Alguma coisa se mexe no capim, à noite. Ao largo, há luzes que dançam de um lado para o outro, são luzes azuladas, de um azul tênue e frágil, azul doentio. Um corpo cai na madrugada, sob a janela onde dormimos. Ouvimos o barulho de uma bandeja que cai junto com o corpo, sobre as pedras. Ouvimos passos que correm, rua abaixo. Terá sido um crime. Terá sido uma movimentação de demônios na madrugada de uma sexta-feira 13.

Tarde, mais tarde do que seria necessário, percebi que essas aparições eram mais da ordem da literatura do que da ordem do sobrenatural. Ao combinar palavras, provocamos no texto, na página, essas aparições. Estamos sempre à espera de que o vulto atrás da porta — figura ainda borrada e difusa, sem rosto ou corpo material — transforme-se em personagem, em guia de histórias, em diabelho que brinca e faz travessuras entre as letras, que age e faz peripécias, que lembra e conta, que puxa o novelo imaginário do mundo. A suspensão do tempo que há entre uma palavra e outra — e o espaço vazio da página nos pede sempre uma palavra depois da outra — parece se alimentar das prováveis e possíveis aparições no silêncio que nos cerca, dentro do qual escrevemos. Pouco depois de morrer, em 26 de dezembro de 1956, meu pai atravessou a porta fechada do meu quarto e veio conversar comigo. Eu tinha pouco mais de cinco anos de idade. E essa cena, mágica travessia de um corpo-não--mais-corpo pelo madeirame da porta, foi o primeiro tratado que li de poética, algo que as escolas e as gramáticas não ensinam, mas que é o pão de cada dia de um escritor: ver o por detrás das coisas.

árvores

ÁRVORES

Ana Paula Tavares

Ninguém sabia que aquela era a árvore da família. Outras árvores altas, nobres, invadiam o espaço à volta, enchendo de perfume os novembros das nossas vidas. Mangueiras tombadas ao peso das mangas enchiam o ar do cheiro do perfume doce e espesso das suas mangas douradas. As goiabeiras erguiam-se leves a toda à volta do pomar estendendo os braços aos pássaros que perseguíamos com visgo e chifuta certeira.

Só ela estava junto da casa. Feia, de tronco muito retorcido, levemente inclinada para cima do telhado. Não dava frutos todos os anos embora se enchesse de flores, que a avó colhia, em noites de lua cheia, para guardar a secar em caixas de sapatos. Todas as noivas do lugar enfeitavam a cabeça com as suas flores. As laranjas, quando vinham, eram pequenas, duras e amargas. Bem pouca sombra oferecia e era preciso afastar a pele dos seus espinhos aguçados.

A avó nunca deixou que a cortassem mesmo quando a casa teve que crescer. Alinharam, por ordem da avó, as novas divisões de maneira a deixar respirar a laranjeira. No seu corpo estavam inscritos os sinais da linhagem, a história de um tempo que era o nosso e não sabíamos.

JACARANDÁ
Manuel Jorge Marmelo

Era já tarde quando aprendi a olhar para as árvores. Se foi muito ou pouco tarde, isso não sei. Logo se verá. Os nomes delas, então, são um mistério. Por isso, admiro os botânicos e os simples amantes das árvores como sacerdotes de uma religião luminosa, pois sempre têm, eles, o poder de com uma simples palavra invocar a maravilha de um ulmeiro, de uma tília, de um medronheiro.

Acho que, enquanto era pequeno, vivi rodeado de árvores e, talvez por isso, não lhes prestasse atenção. Delas sabia apenas um conhecimento utilitário e simples, interessava-me se davam frutos e quais seriam. No quintal da casa havia um limoeiro, um marmeleiro, um pessegueiro. Os pêssegos eram pequenos e amargos, ruins. Os limões eram colhidos quotidianamente com um pau de vassoura na ponta do qual se improvisara uma taça de chapa, dentada, que servia para cortar os galhos e recolher os frutos no seu interior. E o marmeleiro era uma árvore negra e raquítica, embora todos os anos, pelo outono, providenciasse a matéria-prima para as épicas marmeladas da minha avó.

E havia ainda, quase me falhava, um tronco retorcido e morto, quase esponjoso já, um cadáver de árvore que devia servir para que fôssemos conscientes de que a morte dos seres é um acontecimento tão natural como a sua vida — mas as crianças não pensam nessas coisas, talvez nem devam, entretidas como devem estar rebentando os joelhos e coçando as pústulas dos mosquitos.

Só muito tarde aprendi a olhar para as árvores, para as que não dão frutos, e, agora sei-o, elas são-me tão úteis e necessárias como os pêssegos que roubava no pomar da aldeia. Os meus dias são preenchidos pelas sensações que delas retiro, iluminam-se da luz das magnólias quando o inverno avança e da cor das camélias quando ele principia. Vou aprendendo os nomes, devagar, como um iniciado tímido e trapalhão das fulgurações pagãs dos deuses da natureza. E até já sei o que é um jacarandá.

NESTA SOMBRA FAZ SOL
Ondjaki

na ilha do mussulo havia umas árvores teimosas. cresciam à toa sem ninguém ter lhes plantado, resistiam ao vento e à areia fraca, nasciam dentro do mar como se a água fosse ainda um lugar duro.

esse era um coqueiro todo antigo e torto. e, sozinho, gostava de ser dono das marés. eu e o tio chico olhávamos de longe, conforme a posição do vento e o lugar do sol. ora do lado direito, perto da casa em ruínas, ora do lado esquerdo, no muro em ruínas daquilo que o Juarez pensava que ainda era a casa dele. e era dependendo desses lugares que o coqueiro avançava ou não no mar. um senhor doutor um dia veio beber muito uísque com o tio chico e depois falou: "é um coqueiro irregular".

mas o mais-velho miguel, todo de panos, é que sabia as falas: "miúdo ndalu... vais sentar aí?".

eu trazia a cadeira de plástico lá de dentro. punha em baixo da sombra, os meus pés e os pés da cadeira já dentro da água salgada a ferver de tão boa.

a tia rosa falou: "mas isso não estraga a cadeira?"

o tio chico falou: "deixa o miúdo em paz. nós é que sabemos o que ele está a fazer com o coqueiro."

eu não falei nada.

o mais-velho miguel, todo de panos, é que sabia as falas: "miúdo ndalu..., cuidado: nessa sombra então faz sol!".

ABACATEIRO
Paulinho Assunção

Lembro-me de ter guardado a semente, de tê-la colocado sobre o muro, ao sol, para que ela se secasse. Lembro-me também das tentações, da vontade de transformar a semente em um brinquedo, de cravar nela os palitos — pés e chifres —, de modo a que se assemelhasse a um boi, a um boizinho, igual ao que fazíamos com os chuchus, com as mangas, com as laranjas, esses nossos pequenos rebanhos. Mas resisti às tentações e, dias depois, a semente achava-se seca, pronta para o plantio. Cavei então o buraco junto a uma cerca — não tão perto, não tão longe dela, e, para isto, agi como se fosse um engenheiro ou mestre de obras, caminhei dez passos para cá, dez passo para lá, marquei o local exato com o olho da enxada. E cavei.

 Lá atirei a semente e pus sobre ela a terra fofa, terra vermelha. Todas as manhãs, como se o tempo das sementes e o tempo da minha infância corressem em linhas paralelas e iguais, eu ia vigiar se havia broto, eu ia vigiar se de lá nascia a árvore, se de lá nascia o meu abacateiro. Sim, o tempo das sementes possui o seu próprio ritmo, assim como o tempo da infância possui os seus próprios compassos. Eu tinha pressa, a semente tinha paciência. E me esqueci dela. Outros afazeres exigiam de mim maiores atenções: o pombal, ninhadas no galinheiro, noites de São João, uma nova verruga no dedo, dois caminhões novos na cidade, um bando de ciganos acampados perto do córrego. Até que um dia, nas corridas atrás de um gato, passei por lá e vi que o meu abacateiro já possuía um palmo. Um pequeno caule e duas folhas tinham vazado a terra.

Fui durante algum tempo maior do que ele, depois ficamos mais ou menos emparelhados no tamanho. Não tardou muito, fiquei menor. Ele crescia, como eu crescia, mas era pessoa de outra espécie. Lançava galhos e engrossava o tronco, ultrapassava a laranjeira, parecia querer o céu. Minhas camisas ficavam pequenas, meus pés não cabiam nos velhos sapatos. Vi brotar o bico dos seios de duas meninas na vizinhança, um menino da minha rua começou a ter voz de homem. E foi quase um susto, se não fosse um júbilo e se não fosse um êxtase, quando percebi que o abacateiro florava, que ia dar frutos. Tantas coisas ao redor — o relógio sempre incansável e o calendário sempre outro calendário. E o abacateiro tornou-se árvore, fez sombra sobre os telhados, ofereceu moradia aos passarinhos e frutos para toda a família.

Nunca soube ao certo — acho que fiz disto uma deslembrança — quando o terreno onde ele cresceu foi vendido. Nunca soube ao certo quando o cortaram. Sei que no lugar nasceu uma casa, uma casa simples, de duas águas, com moradores que não conheço. No local da cerca, fizeram um muro. E de tempos em tempos, se estou por ali em visita àquelas redondezas, ainda lanço os olhos para o abacateiro-que-não-há-mais. E é quase o mesmo que chegar dentro de um cinema e perceber que o filme já terminou.

brinquedos

O SONHO DE PORCELANA
Ana Paula Tavares

Chegou à casa no Natal com a sua cara de porcelana pintada, olhos azuis e cabelo de verdade apanhado em caracóis por detrás das orelhas. Tinha pernas e braços articulados e os olhos abriam e fechavam debaixo das pestanas compridas. Um breve sorriso escapava-se dos lábios carmim. Não olhava a direito, e, por isso, a velha Felícia, quando a viu, rezou sete vezes, passando as mãos pelo rosto, três vezes para a direita e quatro para a esquerda. Nunca pudemos tocar na boneca de porcelana porque a mãe a sentou em cima da velha colcha de seda que cobria a cama de casal do quarto grande. Olhávamos de longe e tínhamos a impressão que ela nos falava numa língua áspera e desconhecida. Não era uma boneca de brincar mas um ídolo sentado pela mãe no altar da cama, entre as almofadas.

No ano seguinte a chuva e a trovoada fizeram-se anunciar mais cedo do que estava previsto. Os frutos amadureceram já podres e o chão cobriu-se de erva e cogumelos.

Um dia choveu do céu tudo o que havia para chover: água mansa, água brava, raios e coriscos. Um raio correu a casa deixando um caminho de fogo e solidão. Dividiu ao meio a cama e a boneca.

DERBY DE SAMEIRAS
Manuel Jorge Marmelo

O futebol, a gente sabe, é uma guerra florentina. De rebentar canelas e esfolar joelhos, de provocar lágrimas e risos, derrotas e vitórias. Mas é preciso triunfar com certa arte, manter o aprumo no instante de receber a bola no peito, dignidade nos tombos, o heroísmo de quem sempre se ergue. Uma bola, porém, não chega a ser um brinquedo — é uma arma, uma amante, o início de um poema, mas nunca um brinquedo.

Disputei muitos *derbys*, quando criança. Um pouco maior também. Uns ganhei, uns perdi, mas foram sempre embates justos e encarniçados, duros, arrebatadores. Umas vezes baixei a cabeça. Outras, pulei. Mas nenhum desses jogos de bola teve alguma vez a tensão, o dramatismo, a guerra de nervos que havia no sótão de cada vez que se disputava a final de mais um campeonato de sameirinhas — ou caricas, ou tampas de garrafa, como acho que se diz no Brasil. Ali, na alcatifa da sala, irmãos e primos debruçados sobre o relvado de flanela verde, ordenando os jogadores circulares, definindo a geometria de cada jogada, o que se disputava era a própria honra. Umas vezes me cobri de glória; outras, de vergonha.

DEPOIS DA CAIXA-DE-MÚSICA
Ondjaki

a caixa de música aparecia e desaparecia muitas vezes. o que eu não gostava era dessa demora para ela voltar à minha vida.

a poeira, não me importava. o que me fascinava era a não-lembrança da música.

o sopro, primeiro, para apagar o pó. estremecer o tempo. espirrar. sorrir.

a manivela,* para acelerar o coração. era o instante antes do instante: eu não sabia, de novo, que música ia sair dali. celebrava, hesitava: manivela do mundo. de olhos abertos, que tudo aquilo era afinal os meus olhos fechados: quem me tinha dado aquela caixa de música? porquê ela desaparecia assim e assim do nada me assaltava de regresso?

esconderijo e ternura: o som ia acontecer de novo. eu manivelava-me. devagarinho.

depois da caixa da música, a tarde remanescia em mim. eu era um concentrado só de solidão mansa.

a caixa me renascia.

---

* manivela de acelerar o coração: era a origem do mistério. um ou uma não-sei-quem soprava o meu coração pela voz de música e o corpo da manivela. nem a palavra manivela eu conhecia antes de iniciar o mundo. (...) manivela: acendedor...?

CERTAS SINFONIAS
Paulinho Assunção

O pião de madeira, com pontal de ferro, enlaçado e enroscado pelo barbante já sujo e velho, girava na terra, e às vezes cantava. Nós abaixávamos para ouvir esse canto, essa música, e era mais música ainda se mais veloz o pião girasse em um ponto fixo e ali ele permanecesse, tão veloz que parecia estático, imóvel, até começar a perder a força, aí ele girava um pouco tombado, desengonçado, e depois caía. E havia também a luta de piões, piões combatentes dentro de um círculo mágico no quintal, lembro-me de dez piões em uma só vez, todos girando uns contra os outros, e ainda hoje eu acho que aqueles dez produziam uma certa sinfonia de piões.

Especialistas nessa arte um tanto tosca e rústica (e antiga, pois já era citada pelo poeta grego Calímaco), sabíamos que o segredo estava no ajuste do barbante em todo o corpo do pião. A ponta do barbante deveria começar a ser enrolada na base, junto ao pontal de ferro, de lá deveria subir firme e sem espaços entre as voltas até quase a haste. Ali o barbante terminava em um laço para o dedo indicador. Agora só bastava segurar o pião com a ajuda do polegar e lançá-lo — vigor no modo de lançá-lo, vigor no modo de puxar de volta o barbante. Essa era a arte do giro, talvez a arte dessa música, talvez a arte dessa sinfonia dos piões na terra, em tempo de meninos de pés no chão.

Girar o pião, talvez, fosse ainda um modo de girar o mundo.

casas

A CASA
Ana Paula Tavares

A casa era o lugar da memória, aberta sobre o pátio, nas suas muitas portas e poucas janelas. O chão, de terra batida, era duro e liso como os caminhos da vida e deixava sentir o cheiro da vassoura de mateba que lhe sacudia o pó todos os dias. Na cozinha o fogão deixava cozinhar o tempo vinte e quatro sobre vinte e quatro e a um canto, num pequeno altar, velava-se o fogo sagrado do princípio sobre o qual se despejava já não sei com que frequência, água-ardente e sal. A casa era o pão fresco, os lugares secretos das tias e um céu de telha vermelha por onde se escapavam o frio e os nossos sonhos por sonhar. A casa era assim simples como panos brancos estendidos ao sol a corar, sopa de feijão para alimentar os miúdos e o arroz-doce sem ovos dos domingos.

No quintal havia uma mangueira grande onde dormiam marimbondos e cresciam mangas. Era bonito vê-las verdes e depois incharem e tomarem cor e cheiro para que as descobrissem os miúdos. No chão uma manta de café secava ao sol longe dos miúdos que faziam estalar gargalhadas por todo o lado, ao mesmo tempo que enchiam os bolsos com coisas preciosas — moscas mortas, asas de gafanhoto, pequenas sementes. Alguns domesticavam grilos em caixinhas de fósforos. A casa era a eternidade, um céu e um chão onde não se costumava morrer. Muito pelo contrário, pelos gemidos, gritos e choros que entretanto se ouviam, ia-se dando conta que cães, gatos e pessoas se multiplicavam todos os dias.

COELHOS E GALINHAS
Manuel Jorge Marmelo

Era uma casa num bairro operário — creio que há uma canção que diz algo assim. Uma casa baixa numa rua de pedras irregulares, arredondadas pelo correr do tempo e dos passos. Perto da casa havia fábricas, a fábrica da borracha que empregou todo um ramo da família Marmelo, vinda do Alentejo interior, dos calores e dos frios. Atrás da miragem do progresso, do emprego, de uma vida melhor. Os bairros operários do tempo em que a casa foi feita era diferente das gaiolas ajaneladas que hoje se edificam. Era humilde — contam-me que o chão era de terra e que não tinha sequer chuveiro. Ainda tomei banho, por isso, numa bacia de água no meio da cozinha. Mas já encontrei o chão cimentado. E logo a casa ganhou um anexo com água corrente, aquecida a gás. Mas o que mais vivamente recordo dessa casa a que sempre volto ainda é o longo quintal das traseiras, semeado de couves e jarros, de flores que jamais saberei nomear, de pés de salsa, alfaces, tomates, feijões. Era no meio da cidade grande, no Porto, mas o quintal da casa, como um corredor estreito, multiplicava-se em mistérios campestres. Havia o limeiro velho que ainda resiste encurvado ao peso dos anos e aos ataques das formigas, o tanque de lavar a roupa, o marmeleiro defunto, os morangueiros florindo em embalagens de leite, o pequeno relvado onde se não podia jogar futebol, a roupa corando ao sol. Ao fundo, e disso tenho viva memória, quedava-se a construção rude em que viviam os coelhos que se comiam em dia de festa, que eu mesmo alimentava, nas tardes mortas com os caules das couves. Adiante, o galinheiro sombrio, onde ratos e frangos travavam lutas fatais. Ali perdeu a vida o pequeno marreco amarelo que ganhei não sei já onde. Foi a primeira vítima da casa (os coelhos esfolados e as galinhas degoladas não entram na contabilidade mortal). Anos depois, muitos, morreu também o meu avô, em casa, entre os seus. Como já não se usa.

UMA LISTA DE COISAS
Ondjaki

se eu pudesse escolher um instante de espreitar,* eu voltava àquele portão de um exato fim de tarde. e à minha madrinha tia Rosa também.

mais: fazia-me uma "lista das coisas a reencontrar afetivamente para saber dos cheiros e das sensações":
— a gaiola das pombas
— o cheiro do forno com qualquer coisa quase pronta
— a voz do tio Chico a pedir mais uma cerveja
— a voz da tia Rosa a rir só para mim — mesmo que fosse a ralhar
— os gemidos do mudo Zeca da Raiz, como se eu entendesse tudo o que ele me queria dizer
— o cheiro das mãos da tia Rosa no meu cabelo
— o cheiro do abraço da tia Rosa no meu corpo
[...]
— o cheiro do tempo que ainda nunca tinha passado naquela casa.
[se eu pudesse escolher um instante de espreitar, eu parava o tempo.]

---

* espreitar: o tempo; as coisas que ficam presas no passado; os olhares lentos; a voz dos mais velhos; a poeira de Luanda; um abacateiro; a voz do meu avô Aníbal; espreitar a vida de novo...

CASA QUE ERA CAIS
Paulinho Assunção

Havia um armazém no primeiro andar da casa onde o menino nasceu, dois vãos de escada que davam para um mundo de cheiros, cheiros de um certo Brasil, o Brasil dos anos 50. A casa era então ligada a esses cheiros, cheiros que jamais desapareceriam, pela vida afora o menino os levaria, cheiros de sacas de arroz, de bandas de bacalhau, de fumo de rolo, farinha de trigo, sal, aguardente. Tudo o que vinha de fora ali chegava com essas mercadorias. O mundo exterior ali chegava nas carrocerias de caminhão ou nos vagões do ramal ferroviário de Ibiá. Ou então pelo rádio. Nesse tempo, o menino sonhava em ser marinheiro, a ideia das navegações o perseguia. E a casa, um labirinto já por essa época atravessado pela melancolia, uma melancolia que, às vezes, marejava pelas paredes, essa casa, então, assemelhava-se a um porto, a um cais, um cais, talvez, apenas de partir. E foi com essa imagem de porto e cais que, pelos finais dos anos 60, o menino subiu a rua principal da cidade, ganhou os altiplanos do cerrado, o cerrado a perder de vista, planalto dos cajus selvagens e das siriemas ariscas, um planalto aberto ao ir, ao sempre ir, ao ir interminável, verbo sem caminho de volta. Contudo, a casa que ficava era também uma casa que partia, dentro do menino a casa tornou-se um cais móvel, cais portátil e transportável, pois também os marinheiros, para onde quer que naveguem, costumam puxar pela espuma de seus barcos os destroços de suas primeiras moradias, as moradias das suas origens.

chuvas

A CHUVA
Ana Paula Tavares

Talvez o princípio fosse a chuva assim descendo sobre a terra para a cobrir de lama fértil e cogumelos. A chuva costuma anunciar-se de longe e avança sobre a distância ligando o chão gretado da seca e dos tempos. A chuva sara o próprio ar e é mãe, pai, teto, templo para todos os viventes grandes e pequenos. Cai sobre a terra ávida vinda não se sabe bem de onde e lambe-lhe as cicatrizes até criar vida de novo a cada ciclo de vento e terra.

De onde eu venho a chuva usa uma voz fininha para falar uma língua de sopros, rente-ao-chão, e faz crescer com a lava dessa voz o mundo em volta. Os miúdos aprendem cedo a conhecer os sons da fala, a forma como muda na dobra do vento. Bebem dela a ciência da sede e esticam as asas sob a sua cortina de pérolas.

REFÚGIOS

Manuel Jorge Marmelo

Não gosto de chuva e nem sei bem porquê. O caso é que sempre preferi o sol e o que ele significa, a possibilidade de caminhar pelas ruas e sentir no corpo um calor bom, de esfolar os joelhos em arreganhadas partidas de futebol, de pular os muros da aldeia da minha mãe e de saltar, uma após outra, as pedras do rio. Mas a chuva tem os seus encantos e agora, que o tempo não concede tanta largueza, sei como era bom ficar à tarde no sótão da casa, o sótão onde o meu pai improvisou sala e quarto, mínimos ambos, de tetos baixos, oblíquos, e nesse sótão ver as gotas despedaçando-se contra a vidraça suja da claraboia. Não gosto, nunca gostei, de sentir a chuva no corpo. Mas, olhando à distância, era bom tirar a roupa molhada, vestir os agasalhos de trazer por casa e sentar-me no degrau do sótão para ler, para gastar esse tempo inútil às brincadeiras de menino. Tomar uma tigela de sopa quente e grossa e sentir o calor preencher-me por dentro, conquistar o meu corpo, amolecê-lo lá dentro do sótão enquanto, no exterior da claraboia, o dia continuava agreste e frio. A chuva, vendo bem, é uma metáfora das contrariedades do mundo, onde nem sempre é sol e nem sempre há céu azul. Chover é bom, era bom, porque permite ficar longe da água e saber que se pode ser feliz mesmo enquanto chove, cá dentro, no refúgio que devemos preservar só para nós.

VIVEMOS A CHUVA EM NÓS A PARTIR DO MAR

Ondjaki

aquele fim de tarde todo quente trouxe o vento com força nos coqueiros. e todo mundo não queria mergulhar. mas eu e a mana Tchi é que queríamos. a mãe disse: "o pai é que sabe!"

o pai, de ser olhado, falou: "vocês é que sabem!"

fomos a correr a tentar passar entre os grossos pingos* para ainda não molhar o corpo antes que fosse no mergulho da água salgada do mussulo; eu quase conseguia mas a mana Tchi me empurrou de lado e muitas gotas tocaram-me a nuca e as costas todas; assim que entrámos no mar salgado, a água estava tão quente que só tivemos tempo de rir e de gritar.

a minha mãe começou a ficar com inveja mas não veio para o mar. tinha medo dos relâmpagos?

o meu pai riu com o cigarro nos dedos dele.

de fúria, a chuva ainda choveu mais. o céu acendia-se de azul e roxo, quanto mais escura a noite, mais de brilhado ele queria ficar. o céu gritava também. a mana Tchi disse que ia já subir. eu disse que ainda ia ficar. a mana Tchi: "mas o pai disse para voltarmos juntos..."

eu: "vai só... o mar é todo meu agora!"

que eu tinha medo, tinha. que o meu pai já ia me chamar e depois me ralhar, ia.

---

* esquivar a chuva: exercício feito a partir do olhar e do instinto. atividade invisível. mania de conter sal na pele. exercício feito a partir da própria chuva inclinada.

mas a mais melhor maravilha do mundo era uma pessoa ter o mar sozinho para ele. para mim.

o pai gritou para eu subir.

eu corria de corpo ziguezague quase que me pancava nos coqueiros da escuridão.

o pai: "tavas a fazer o quê assim a correr à toa?" eu a olhar para a mana Tchi toda bonita enrolada na toalha que agora ela tinha ficado com frio e até os dois tínhamos os lábios roxos, mas os delas eram mais bonitos que os meus.

a mana Tchi: "fala..."

a mãe: "fala..."

e eu: "tava a esquivar toda a chuva para ela não me contaminar de água doce!"

TODAS AS CHUVAS
Paulinho Assunção

Minha avó falava das primeiras águas de outubro, expressão que jamais esqueci por seu conteúdo mágico e benfazejo, a indicar a boa safra nas lavouras. Águas que, porém, não deveriam ser continuadas; deveriam vir apenas para molhar a terra, para dar à terra o alívio da seca. Minha avó também possuía em seu repertório outros dizeres sobre as águas e sobre as chuvas. Nuvens formadas para os lados do Cruvinel, da Capelinha — cuidado, essas eram chuvas de dilúvio. Já as nuvens formadas para os lados de Tiros, Matutina — essas não ofereciam riscos. Contudo, apesar da sabedoria da avó, os céus pareciam não seguir regra tão retilínea. Quando menino, igualmente temi as chuvas formadas de um lado e outro, só não temi a chuva de garoa, chuva fininha, chuva-molha-bobo. Essa era chuva para a gente admirar através das vidraças.

    Tantas águas e tantas chuvas. As de banda, em diagonal, chicoteando os muros e as paredes das casas; as perpendiculares, fartas, torneiras abertas sobre o mundo; os chuvarões repentinos, curto-circuito nas nuvens; as de pancada, as ligeiras, as que brincavam com o sol, jogo de chuva e sol a sugerir o casamento de uma viúva; as formadoras de arco-íris, arco da velha no céu do cerrado de Minas Gerais.

    Tantas águas e tantas chuvas.

    E raio era palavra quase proibida. Dizê-la significava atrair o dito para as nossas cabeças. Nos referíamos ao raio, portanto, por meio de um eufemismo — faísca. "Está faiscando muito", era o que dizíamos. E os relâmpagos, as trovoadas distantes, os trovões que se assemelhavam a tambores — alguém rolava caixas cheias de pedra por entre as nuvens carregadas, nuvens de chumbo, azul enlutado — pediam rezas, velas acesas, orações de medo, respeito e reverência.

"Vai chover canivete", alguém falava; "vem chuva brava", outro dizia. Chegava então o momento de rezar, embora eu nunca tenha sido muito crédulo nesse poder das ladainhas para a dissipação de ameaças. Queria mesmo era a chuva terminada para soltar barcos de papel na correnteza das enxurradas, esses riachos na sarjeta, água vermelha a descer em cascatas dos altos da rua da delegacia.

cinema

E DO CÉU CAÍAM ESTRELAS
Ana Paula Tavares

A carrinha do cinema, uma *Chevrolet* de caixa aberta, chegava no último sábado de cada mês. A programação era variada e a fita partia muitas vezes ficando o ecrã iluminado com uma luz forte onde se moviam sombras, números e, às vezes, um negro absoluto, profundo, que punha os nossos corações a bater com mais força, alongando a noite e o silêncio. Os homens da família iam buscar os carros e acendiam os faróis. Depois de alguns cortes e sucessivas colagens o filme continuava com um plano a menos, uma cena que nunca chegávamos a ver por inteiro.

Os olhos da infância prolongavam-se para lá do lençol branco que servia de tela e fixavam o lento balançar dos corpos por cima dos cavalos em loucas correrias. No dia seguinte os homens da aldeia andavam de pernas afastadas como se passassem os dias em cima de cavalos imaginários. Usavam um chapéu de abas largas e um cigarro esquecido no canto da boca. As jovens detinham-se por detrás das janelas em suspiros prolongados lembrando os heróis da fita e sonhando com os bandidos que as podiam levar para um destino diferente.

Entre o lençol branco na parede e a vida a distância era grande, como um plano de conjunto a aproximar-se do grande plano cuja profundidade se revelava no deserto das nossas vidas, iguais a cada dia. Os olhos de cinema faziam--nos desempenhar papéis de índios a pescar nas águas frias da cascata e a tentar, na falta dos cavalos, montar os bois mansos das manadas da família. Acendíamos fogueiras e cada um à vez fazia de branco capturado e amarrado ao totem sagrado, à volta do qual dançávamos a dança de índios que melhor conhecíamos: os gritos e as canções dos pastores que moravam mesmo ao lado e não viam filmes.

    Preenchíamos os dias que faltavam para a sessão seguinte contando a história em várias versões. Todos os filmes eram filmes de índios enquanto do céu caíam mansas estrelas.

TRINITÁ

Manuel Jorge Marmelo

Bud Spencer era gordo, forte, feio e barbado. Terence Hill era louro e reguila, corajoso, com olhos azuis. Passavam ao domingo à tarde na parede do bar do Grupo Desportivo de Francos, recoberta com um pano branco que ocultava as argolas olímpicas pintadas na parede e a frase "verde e negro nas argolas da união". O bairro ia em peso para ver a inusitada matiné. Todos gostavam de Terence Hill, Trinitá, o *cowboy* insolente.

Bud e Terence eram assim como o cão e o gato — mas um cão e um gato inseparáveis, irremediavelmente unidos malgrado todas as travessuras em que o louro gato se exercitava. Sucedia, às vezes, que Bud, ou Bambino, conseguia apanhar Terence entre as suas poderosas mãos. Nessas ocasiões era capaz de rebentar um *saloon* inteiro com a cabeça do meio-irmão, lançá-lo pelo ar, atirá-lo contra as garrafas, arrancá-lo das mãos das galdérias de serviço. Quando juntos, porém, Trinitá e Bambino eram uma dupla temível, que fazia rir desse modo inocente que só o humor pouco sofisticado, físico, é capaz de conseguir. Trinitá fugia mais do que batia, Bambino encaixava os adversários debaixo do braço e sovava-os desalmadamente.

Só muitos anos depois soube que Bud Spencer não se chamava Bud Spencer, mas sim Carlo Pedersoli, um ex-nadador napolitano que chegou a vencer uma medalha de prata nos jogos olímpicos de Helsínquia, em 1948. E que Terence Hill não era, jamais foi, Terence Hill, mas sim Mario Girotti, um veneziano. O faroeste destas coboiadas também não era o faroeste de verdade, mas sim um cenário qualquer montado num ponto árido da Europa, talvez o mesmo onde depois se havia de filmar o inesquecível *Por um punhado de dólares*. O faroeste, afinal, era aqui bem perto e muito pouco *far*. Mas parecia tremendamente real naquelas matinés de domingo, no pano branco posto na parede do clube da minha rua.

SOPROS E SENTIMENTOS
Ondjaki

um segredo.

a luz nenhuma, as respirações, as sobras das sombras nos olhares: eu ia ao cinema para olhar os que iam olhar o filme.

em segredo, eu gostaria de sentar-me por detrás da tela. e olhar as pessoas nos olhos — sem que me vissem os meus. e deixar o tempo chegar. captar as lágrimas.

...

queria que o cinema fosse — ainda em segredo —, um lugar de espreitar sentimentos. sob véus de luz cinza. sob uma chuva fina das lembranças de cada um, penduradas em finos fios verticais, à espera de um voo que fosse a voar para cima.

...

eu iria ao cinema para espreitar vidas. segredo meu — entre surdina e silêncio.

pequenos sopros de vida.

DUELO COM GÍMI RÊNDRICS
Paulinho Assunção

Certa vez, imaginei um conto em memória dos seriados de cinema da minha infância. E o conto era assim:

Pedi a mão de Merilu justo no dia, na hora (quase na hora) em que ela empenhou a mesma mãozinha (avelã, bolinha de algodão, rolinha em voo na manhã) a outro, ao Gími Rêndrics, morador na mesma nossa rua: eu, no 33; Merilu, no 44, e, ele, o tal, o-só-baderna, no 56.

Pedi a mão dela mediante bilhete perfumado. Lá escrevi: "A sua mãozinha, só de doçuras, eu, para sempre, por ela dou vida e coração".

De longe, da esquina, perto do muro de azuis com tinta nova, eu vi quando Merilu abriu o papel e leu as minhas letrinhas desenhadas. E vi — igualmente vi — quando Gími Rêndrics parou o jeep, buzinou três vezes, desceu o boné sobre os olhos e — Merilu lhe dava a mãozinha.

Já disse o que penso do amor a galope dentro de um coração. Amor é quase fruta. Amor é pedacinho de paraíso numa colher de ambrosia. E a mão de Merilu (avelã, bolinha de algodão, rolinha em voo na manhã) eu sempre a observei, noite e dia, quando pude, quando podia.

Merilu é caixa da padaria. Merilu tem dentinhos pontudos. Merilu dança juntinho, sem medo, nos bailes do bairro. Ela dança quadrilhas em noites de São João e me cumprimentou duas vezes com a ponta dos dedinhos: uma vez, com quase medo; outra vez, já muito risonha. Duelo. Duelar com Gími Rêndrics pode ser o meu propósito, de agora em diante. Isto eu senti — e me decidi — com os meus cinemas, com os meus filmes de Jon Ueines, logo que vi a garra dele sobre a mãozinha de Merilu. Às armas, então, eu devo ir. De camisa preta e cinto decorado, em prata. Até cantarei por meio de assovio, faroeste assoviante. A pedra não ficará sobre pedra, minhas vinganças de amor, ai de quem.

espelhos

O ESPELHO
Ana Paula Tavares

Em toda a casa havia dois: um grande, comido pelo tempo e guardado no quarto da avó, e o outro novo, quadrado, colocado em cima do lavatório a uma distância impossível para miúdos, destinado às tarefas da barba e portanto de mais-velhos, quase todos homens, quase todos grandes.

Nós conhecíamos as caras uns dos outros mas não a nossa própria, embora dispuséssemos de vagas noções, como a que nos era devolvida pela água quieta da lagoa ou a descrição dos outros miúdos, que dava sempre pano para mangas, gritos, brigas e um "não, não pode ser" gritado do fundo do coração. Por vezes era possível surpreender nos olhos da avó um pouco da nossa cara. De resto era a ignorância ("a santa ignorância", dizia a avó) e a vida aos saltos.

Uma vez por ano, antes da missa do galo, os miúdos alinhavam-se diante do quarto da avó. Depois de lavados, untados com manteiga de cacau e vaselina, a avó deitava nos lenços de cada um umas gotas de perfume *Tabu* e apresentava-nos ao espelho à luz da vela. Não havia dinheiro para fotografias, mas as imagens do espelho grande, escuras, difusas, trémulas, coloridas à luz da vela, davam-nos, a cada ano, a nossa condição de pessoa diante do espelho, antes da missa do galo.

ATRÁS DA PORTA
Manuel Jorge Marmelo

Sim, também a minha casa tinha um espelho. Tinha mais do que um, na verdade. Mas, quando penso em espelhos, lembro-me daquele que ocupava a porta central do guarda-fatos que mal cabia no sótão-quarto dos meus pais. Era o único espelho da casa onde podia ver-me quase de corpo inteiro e aí conferir as pequenas vaidades adolescentes. Se as calças caíam bem nestes sapatos, se a dobra das bainhas estava pela altura certa.

O guarda-fatos do espelho era um móvel quase banal, talvez demasiado feio, a um ponto tal que sempre me pareceu bonito e delicado. E tinha, já o disse, um espelho emoldurado na porta central. Mais do que o espelho, recordo aquilo que atrás dele havia, as coisas que se escondiam atrás da porta. Ali estavam as velhas gravatas do meu pai, que ele não mais usava, os casacos que eu, às vezes, experimentava para medir os avanços do meu corpo, as roupas da minha mãe, outros trapos, e os álbuns das fotografias.

Recordo muito bem esses álbuns, com folhas de cartolina grossa e pequenos triângulos aos quais se ajustavam os vértices das fotografias. Num estavam as fotografias do casamento dos meus pais (tão magros e jovens, tão diferentes das duas pessoas que eu conhecia), noutro as fotografias da minha primeira comunhão, emburrado num hábito branco de frade capuchinho, e, no último, as memórias do meu pai na guerra de Angola. Não existe, na verdade, nenhuma guerra naquelas imagens. Apenas homens fardados vivendo um dia a dia aborrecido, isolados no meio de uma terra estranha. Como não havia ali qualquer guerra, eu não podia saber se ela era boa ou má. Apenas, folheando o álbum que havia atrás da porta do espelho, fui começando a não gostar da ideia de haver homens que matavam outros homens.

SÓ DEPOIS DA CHUVA
Ondjaki

brincávamos de ver quem sabia desaparecer. também brincávamos de poder caber naquela casa de banho.

mas quando a chuva chegasse, em luz e som de fúria, a avó mandava a Madalena cobrir todos os espelhos. principalmente aquele.

um dia, falei que
"ninguém devia se olhar no espelho antes da chuva"
o primo perguntou porquê e eu falei
"para ninguém não ficar preso lá."

e tivemos medo.

MAGIA DOS ESPELHOS
Paulinho Assunção

Quando faiscava no céu, quando as espadas e os sabres e as adagas dos relâmpagos cruzavam os céus nos anúncios de chuva e tempestade, era preciso cobrir os espelhos da casa. Dizia-se que olhar para um espelho no momento do raio dava azar, podia cegar, vinham malefícios para a família e, sobretudo, para quem estivesse diante dele. Lembro-me desses espelhos cobertos por uma toalha nos dias de chuva com trovoadas. Um espelho ovalado, no porta-chapéus; outro, na penteadeira de minha mãe; mais outro, no banheiro. Este, um espelho menor. Menor, porém mais alto e só alcançável pelos adultos. Foi neste que fiz a primeira barba, neste raspei os primeiros pelos abaixo das costeletas.

Mas os espelhos possuíam também outros usos, em especial os espelhinhos, com os quais pegávamos um facho de sol para queimar gravetos, folhas secas, pequenas tiras de papel. O jato de luz do sol batia no espelhinho e, daí, se conduzia ao alvo, a esses exercícios de fazer o fogo, mesma função que, mais tarde, descobriríamos com o uso de lentes e lupas. Esses espelhinhos igualmente faziam parte dos objetos pessoais de homens da roça, os quais vinham à cidade aos domingos, para a missa. Muitas vezes os vi com esses espelhinhos à entrada da igreja — numa mão, o espelhinho; na outra, o pente de marca Flamengo. Vaidades e dignidades para o encontro com Deus.

Espelho quebrado era morte anunciada? Moça diante do espelho era moça apaixonada? Dentro do espelho morava o Diabo? Fantasma não aparecia dentro do espelho? Tantas perguntas suscitadas por um mundo no qual as crendices guiavam as pessoas. Sem falar no espelho d'água, expressão bonita e inauguradora de poesia, pois nada mais bonito do que ver no espelho das águas o reflexo de um céu de puro azul, o reflexo de um repentino passarinho, de uma nuvem que, lentamente, se move, branca e diáfana.

fazeres

AFAZERES
Ana Paula Tavares

Sempre que olhava as mãos da avó, pequenas, magras, nodosas, cheias das marcas do tempo, tudo me parecia bem, uma calma tranquila descia sobre mim, porque sabia que nada ia mudar: os dias e as noites, as fases da lua e os ciclos do milho.

Havia uma relação direta entre as mãos da avó e o verbo fazer, tão diligentes eram essas mãos, na sua capacidade de multiplicar as coisas para depois as dividir rigorosamente, em partes iguais, por todos os membros da família. Ninguém como ela, quando a madrugada chegava pé ante pé, fazia o pão, deixando voar as mãos pela massa entretanto lêveda (durante a noite e depois da avó ter feito o milagre de misturar água e farinha com fermento, operações dos deuses tinham feito a massa branca transbordar do alguidar de barro). A avó fazia o pão, que, uma vez cozido no forno de lenha, espalhava pelo quintal e pela aldeia os mil sabores da abundância, o conforto do pão quente logo de manhã.

A avó usava as mãos para dar existência às nossas vidas fazendo com que as feridas se curassem bem como as febres, as dores e todos os males em geral. A avó fazia a vida todos os dias, inventando comida, transformando a roupa velha dos grandes em roupa nova dos pequenos (um vestido grande, dois pequenos, golas velhas depois de viradas ficavam novas, bordados a disfarçar remendos).

De uma coisa tenho a certeza: avó fazia a terra, porque só ela conseguia amansar terra seca, vermelha e pobre em chão de batata e mandioca, gimboa e capim.

Não sei como era, mas que tudo estava ligado às mãos da avó e ao verbo fazer estava.

RICARDO NÃO, JOSÉ
Manuel Jorge Marmelo

E, por falar de avós, também eu tinha um avô fazedor. Não se chamava Antônio, mas sim Ricardo. Era o que diziam os documentos. Mas todos lhe chamavam José, pois este era o nome com que a mãe, minha bisavó, queria tê-lo batizado. O Ricardo era resultado de uma rebeldia de padrinhos e, por isso, foi sempre uma extravagância oficial na vida do meu avô.

O meu avô Zé também era dessas pessoas que sempre estavam a fazer alguma coisa, creio que por uma qualquer e estranha necessidade de manter o corpo quente a qualquer custo. Entretinha-se no quintal horas a fio, mesmo que, no fim, ninguém se pudesse recordar do que tinha ele estado a fazer. Mas cultivava e carpinteirava horas a fio, tratava disto e daquilo, provia o conforto do galinheiro e a limpeza da casa dos coelhos, aparava os braços do limoeiro, fixava mais uma haste onde se pudessem suportar as cordas de estender roupa a secar. Tudo num afã vagaroso e dedicado.

Foi assim o meu avô, homem de afazeres, pelo menos enquanto o não traíram a saúde e o desvelo da minha avó. Porque, isso eu sei de o ter visto, bastou que a doença começasse a rondar-lhe o corpo para que a preocupação da velha Micas começasse a rondar o avô Zé, a enchê-lo de cuidados, advertindo-o de que não fizesse isto e aquilo, proibindo-o de uma coisa e outra. Foi um pouco assim, creio, que o meu avô começou a morrer. Por falta de afazeres que o mantivessem vivo.

FUTUROLOGIA DA DURAÇÃO DAS ALEGRIAS

Ondjaki

a moça fez uma máquina de adivinhar a duração das alegrias. a coisa funcionava por tremeliques e afagamentos. era também um desobjeto. e era isso porque o desobjeto ficava no conjunto das suas sobrancelhas. era a dança entre as partes e o todo. as partes dançavam no todo que era o olhar dela.

a moça adivinhava a duração das alegrias pelo modo como se deitavam as sobrancelhas. deitavam na tarde. deitavam sobre ela. deitavam com ela. deitavam sobre o ocaso.

o eco do ocaso dava a suposta resposta. isto seja: a duração das alegrias se entregava àquelas sobrancelhas.

o fazer era esse: o de quem soubesse olhar a moça e as sobrancelhas.

olhada, a moça falou que: "quem nasceu primeiro: as sobrancelhas em mim, ou eu pelas sobrancelhas...?"

era um quase fim de tarde: a moça que adivinhava a duração das alegrias estremeceu as sobrancelhas.

mas foi devagarinho.

CAIXA-DE-FAZER
Paulinho Assunção

Entre os verbos, um dos que mais aprecio é o verbo fazer. Não é, porém, aquele fazer grandioso, fazer pontes, catedrais, naves e astronaves, pirâmides e monumentos. O que aprecio neste verbo é o fazer minúsculo, o fazer mínimo, talvez até o fazer inútil que não deixa de ser um paradoxo. E herdei a predileção por esse verbo na observação dos afazeres de um avô torto, avô-padrasto, segundo marido de minha avó materna. O nome dele era Antônio e ele era eletricista. Melhor talvez fosse dizer assim: era um homem que consertava. Consertava e fabricava fazia. Fazia pequenezas, coisas miúdas e minúsculas. Amolava facas e tesouras, solucionava motores avariados de geladeiras, puxava ligações elétricas da casa para o quintal ou do quintal para a casa, criava abelhas, fazia formas de pirulitos com barras de chumbo, fabricava portas e janelas, levantava paredes, punha rádios mudos em funcionamento, aqueles velhos rádios ainda de válvulas, rádios zumbidores, rádios chiadores.

Sim, o nome dele era Antônio e sempre achei que ele possuía uma miraculosa caixa-de-fazer. De repente, no meio de todas aquelas ferramentas — martelos, alicates, serrotes, chaves de fenda, tornos e furadeiras —, surgia algo novo, mesmo que fosse o novo do antigo, o novo da coisa que era velha, algo surgia das essências do arame, do coração do parafuso, da alma das arruelas. O que pode despertar mais interesse em um menino nos seus oito ou nove anos do que tais milagres do fazer? E só muitos anos depois eu percebi que aquela caixa-de-fazer jamais me abandonara e abandonaria. Apenas substituí o que ela trazia dentro — ao contrário dos alicates, as letras; ao contrário dos serrotes, as histórias; ao contrário dos martelos, as personagens. Talvez, através da alquimia característica desse verbo, o fazer tenha se tornado escrever, um escrever não menos miúdo e minúsculo, mas também não menos provocador de encantamentos e maravilhamentos.

figuras

A VELHA FELÍCIA

Ana Paula Tavares

A casinha de chocolate da história tinha, para nós, a forma e a cor da casa azul da velha Felícia, pequena, térrea e com uma cerca à volta de um jardim selvagem povoado de aves e borboletas.

Vários caminhos conduziam à casa da velha Felícia: o das mães em sobressalto à procura de cura para o "bucho virado", o mau-olhado, as febres em geral e o azar, o caminho das mulheres sós em busca da combinação certa para prender o coração de alguém, as mulheres casadas à procura do elixir para evitar abandonos e o caminho dos infelizes (o maior de todos) em busca do bálsamo para a doença crónica da infelicidade.

A velha Felícia a todos atendia, trabalhava, sem descanso, dia e noite. Da cozinha da casa azul saíam sem parar os vapores espessos dos xaropes, os fumos azuis das pomadas, os cheiros fortes dos elixires do amor e da fortuna.

As mães mantinham-nos afastados da casa: "é bruxa" "prende e cozinha crianças", "enfeitiça", "morde". No seu reino, onde governava o silêncio, a velha Felícia deixava que sobre ela corressem estes e outros rumores.

Um dia conseguimos vê-la, enquanto colhia alecrim no jardim da casa. Era pequena, frágil e muito direita. Se os anjos sorriem deve ser assim daquela maneira.

LÚCIA, A MAIS LOUCA DAS LOUCAS
Manuel Jorge Marmelo

Revi Lúcia um destes dias, tão perdidamente doida como sempre foi, estendendo a mão aos transeuntes da rua de Santa Catarina e sorrindo o mais celerado dos seus loucos sorrisos. Não envelheceu muito, Lúcia. Suponho, de qualquer modo, que poucos poderão dizer qual é a sua idade verdadeira. Está quase tal qual a víamos há muitos anos, rondando as portas dos bares da beira-rio e pedindo moedas, um cigarrinho, um beijo na boca, e soltando as suas tresloucadas gargalhadas de doida, um sorriso mais escandaloso do que o das pessoas que já beberam demasiado. O rosto é o mesmo, exatamente o mesmo não fosse parecer ainda mais ensandecido, com a dentadura (postiça?) destacando-se entre os lábios, adiantando-se ao rosto como se esse fosse um sinal, o claro marco da sua insanável loucura. Como sempre, Lúcia sorria e estendia a mão. Talvez ainda tentasse insinuar-se junto dos homens com a sua suja devassidão, a sua inverosímil sensualidade de doida.

Lembro-me que, há muitos anos, nos chamava "amor" quando pedia um cigarrinho, que nos via "lindos" quando quase exigia dinheiro, que nos tratava intimamente por "filhos" quando queria alguma das coisas que pudéssemos dar-lhe para que nos deixasse em paz. Se ainda o faz, se parece oferecer o corpo aos que interpela na rua, não sei. Não tive tempo de ver. Já não sou capaz de rir da miséria de Lúcia. Passei por ela na rua, vi que pedia e sorria o sorriso enegrecido dos seus dentes destacados, mas não parei. Nem ri da loucura de Lúcia. Creio que apenas me espantei por saber que ela ainda vive. E segui caminho por entre a multidão, imaginando que Lúcia ainda levante as saias aos rapazes que riem dela; e recordando as frases que, outrora, ela dizia:

— Dá-me um cigarrinho, filho!

OS REGRESSOS DA ANA MALUCA
Ondjaki

eu era tão pequenino que para mim o mundo ainda nem tinha começado. foi nesse pré-mundo que eu conheci a Ana Maluca. quem conta* é a minha mãe.

assim, que é melhor usar as palavras de quem lembra melhor: a minha mãe quando fala da Ana Maluca, nalguma frase usa a palavra "doçura". e é nesse gatilho que eu espreito o rosto dela: os olhos enormes, que voavam parados, que saltitavam quietos. os olhos sempre como se fossem chorar da Ana Maluca.

da missão dela, era arrumações. se quisesse, passava a roupa. se quisesse, cozinhava alguma coisa. esse "se quisesse" era dela mesmo, toda a hora a ameaçar a minha mãe: "se eu quiser... hum!, só se eu quiser!"

o camarada António, cozinheiro, demorou muito tempo a gostar da Ana Maluca. nós, as crianças: mana Tchi, mana Yala, eu, não demorámos tempo nenhum: gostámos logo dela. as mãos dela. os vestidos todos longos parecia era bailarina de olhos molhados mas sem chorar. a minha mãe sabe que pode usar a palavra "doçura" para falar da Ana Maluca: é por isso que até o camarada António, todo resmungão, também sorria e perdoava toda a hora a Ana Maluca.

---

* contar: preparar as crianças para futuras (sólidas) lembranças que serão coletivas e particulares a um tempo só; intimar a criança a registar; minar a mente de imagens poéticas despoletáveis por ternura. ainda: inventar futuro trabalhando o passado como o oleiro acaricia o barro.

ficou uns anos. porque até eu me lembro dela. e depois ficou uns anos sem vir. mas muitos, desses anos que passam mesmo, assim de fazer crescer as árvores.

quando a Ana Maluca um dia regressou sem avisar, encontrou o portão aberto, entrou sem cumprimentar ninguém, e nós, as crianças, mana Tchi, mana Yala, eu, achámos tão normal que só ficámos a rir. a Ana Maluca subiu, limpou o terraço todo, na vontade dela; arrumou todos os quartos; experimentou uns vestidos da minha mãe para ver qual era a cor que ficava melhor de combinar com os olhos dela todos grandes e a voz doce que ninguém conseguia lhe ralhar de ela ser tão maluca. e quando a mãe chegou da escola dela, a Ana Maluca estava mesmo deitada na cama, com os olhos fechados mesmo a dormir. e nós é que avisámos: a Ana Maluca voltou. mas a minha mãe parece que não estava a acreditar.

mas a Ana Maluca só gostava de falar o que ela queria falar. não era muito de conversar nem de responder. eu mesmo, para falar com ela, era só de ficar quieto à espera de ver se ela ia falar. a minha mãe foi lá tentar falar com ela. a Ana Maluca acordou e explicou: que gostava muito daquele vestido e que ia levar porque tinha um casamento no fim de semana. também perguntou se a minha mãe não tinha uns sapatos que lhe serviam.

a minha mãe começou a rir. o camarada António não gostou nada daquilo, começou a dizer que a Ana "tinhas muitas confianças". quando a Ana Maluca desceu, só disse que já estava muito cansada e que não ia mais arrumar o resto da casa.

almoçou lá fora no quintal, sentada na cadeira verde* onde eu às vezes me deitava depois do almoço. nem falou

---

* cadeira verde: comprida, de fitas de plástico que deixam marcas na pele; cadeira para deitar, ficar a "jiboiar" à espera do fim da digestão; funciona melhor se colocado sob a sombra da mangueira (de mangas doces) e se houver ruído longínquo de gatos não domesticados.

mais. bebeu uma cerveja. tava com os olhos todos bonitos de o sol a lhe brilhar no reflexo do olhar que ela olhava para mim a rir mas só nos olhos.

nos dias da Ana Maluca, não vale a pena querermos complicar, só havia "ontem" e "hoje". foi de novo. só ia regressar depois de muitos meses. levou o vestido. um dia entrou lá em casa, a porta estava aberta.

nós as crianças é que vimos e ouvimos: mana Tchi, mana Yala, eu: que tinha vindo devolver o vestido. e que avisássemos a mãe que hoje tava muito cansada, mas que vinha trabalhar como antigamente, terças e quintas, porque à sexta-feira não lhe dava jeito nenhum.

o camarada António, que era mais-velho, até só abanou a cabeça assim de um lado para o outro.

O HOMEM QUE RIA
Paulinho Assunção

Não dá para esquecer o modo como ele entrava na cidade, ele vinha pelos altos da rua da cadeia, de longe percebíamos a sua chegada, de longe ouvíamos os cascos de sua mula nas pedras do calçamento, ele e o animal com aquele garbo e aquela elegância, cavaleiro e montaria como se fossem uma só peça, uma só figura nas manhãs de domingo, pouco antes da missa. E ele vinha, sabia-se admirado, vinha pelo meio de modo a ser visto pelos dois lados da rua, acenava para as janelas e as portas já então abertas pela meninada, fazia mesuras e retirava de quando em quando o chapéu — cumprimentos de príncipe, cumprimentos de Quixote.

E então, já na praça, pequena praça de cidadezinha nos confins do fim do mundo, ele começava: de porta em porta, ele parava. Parava e empinava-se sobre a sela, esticava o pescoço e ria. Ria como espetáculo, intermináveis gargalhadas, emitia longos fios de riso pelas manhãs de domingo, um rir sem que ou por que, um rir por nada, puro deleite de rir e fazer rir com o seu mágico riso, suas volteantes gargalhadas, seu perder o fôlego de tanto rir, pândega no meio da criançada — e até parece que o animal que ele montava também ria.

O nome dele era Chico. Chico Risadinha.

geografias

NOSSAS GEOGRAFIAS
Ana Paula Tavares

O chão da nossa terra era todo pespontado com valas de água corrente saídas diretamente da fonte para passajar os terrenos de seda necessária às couves e aos morangos que, ali, pareciam nascer do nada. O avesso da terra era tão negro e doce que dava vontade de comer, porque alguma coisa nos dizia que terra e origens eram o húmus da nossa vida, os sinais de um pulsar do interior que ali se fazia mais devagarinho que no resto do mundo. Depois era a igreja, a escola e o posto administrativo, pontos cardiais da nossa aldeia e todos eles lugares de pancada e tristeza. À volta, a toda a volta, era a serra magnífica, a cortar-nos para sempre a linha do horizonte. Lentos bois aqueciam o tempo com a sua respiração tensa e seus olhos enormes. A nós cabia-nos ensinar a geografia dos caminhos às cabras que nos confiavam desde meninos. Com elas aprendíamos a saltar, a comer tudo o que luzisse e a não sofrer. Nossos primeiros contos de espantar tinham pequenos chifres de cabra a espreitar pelos cantos e eram escritos aos saltos como se respirássemos as frases uma a uma. A noite fazia descer um céu interminável onde podíamos contar milhares de estrelas. Era a nossa liberdade e esperança de um dia alcançar o outro lado da serra.

MAPA

Manuel Jorge Marmelo

A minha geografia infantil não teria chegado a ser uma geografia sequer — se não fossem as viagens para fora do Porto. Na cidade, não havia nada disso, nada de montes e vales, quase nada de rios, nenhuma planície. O Porto que eu então conhecia, aquele em que me movia à vontade, era casas e ruas. As ruas no meio e as casas à volta. Não era, portanto, uma geografia. Era um pequeno mapa, mais pequeno que o mapa da minha cidade, que nem é grande. Nas viagens, porém, o mundo ganhava enfim os seus espaços. O comboio e o automóvel seguiam entre montes, acompanhavam os contornos do mundo, avançava pelas margens de rios, atravessava pontes. Eram ainda ruas e estradas, mas o horizonte mudava constantemente. Depois, quando comecei a viajar até mais longe, o mundo voltou a perder a sua geografia, voltou a ser um mapa. Um mapa quase do tamanho do mundo. Que nem é uma coisa grande.

UMA CRIANÇA ESPERA QUE O MUNDO LHE REGRESSE EM BREVE

Ondjaki

os pés esperavam
que o lugar retornasse
ao chão pisado.

o silêncio todo:

a criança segurava o mundo
pela ponta dos pés.

O CHAMADO DO HORIZONTE
Paulinho Assunção

A chamada rua da igreja era a mesma que ia dar no bordel e, de lá, com mais alguns metros, chegava-se ao planalto, chapadão a perder de vista, os longos descampados do Alto Paranaíba, vastidão do cerrado brasileiro. Ao que parece, os meninos cumpriam um ritual por essa rua: primeiro, era o tempo da igreja; depois, o tempo do bordel; mais adiante, era o descampado do chapadão a convocar os já rapazes. Era então o tempo de partir, tempo de ir embora: para Belo Horizonte, para São Paulo, para o mundo. É certo que muitos faziam este ritual só até a metade — do bordel, voltavam, desciam para o vale, constituíam família na cidade, por ali ficavam. Para sempre. De quando em quando, lembro-me desses que ali permaneceram, fecho os olhos e os vejo homens feitos, homens com aquele ar de quem não conseguiu a tempo a passagem para o embarque, viram o trem partir e ficaram na estação deserta. Parece que esses não foram capazes de atender ao apelo da geografia, a geografia do planalto, esse convite que o horizonte a perder de vista sempre nos faz, esse chamado do mar de Minas, mar seco, mas não menos mar do que o outro, o outro mar também pródigo nas seduções, só que seduções para as águas. Ainda hoje eu fecho os olhos e vejo o rosto desses que não foram, meus olhos fechados enxergam sobretudo aqueles ainda sentados nas praças, na porta dos bares e dos armazéns, talvez à espera de algum fato que eles desconhecem, talvez à espera de nada. Um ou outro, de repente, morre, de doença ou "morte matada"; um ou outro tem mais um filho; um ou outro enriquece, um ou outro torna-se cada vez mais pobre. Mas a passagem dos anos — o correr do tempo — não desfaz os chamamentos daquela geografia, mesmo que hoje ela já não seja mais aquela geografia de árvores retorcidas do cerrado, campo aberto para os cajus e as gabirobas, território do lobo-guará e das siriemas. Sim, o chamamento do planalto ainda acontece. Mesmo que seja hoje a geografia das *plantations* de soja, cenoura e batata, com o horizonte tomado nas manhãs e nas tardes por caminhões de boias-frias.

húmido

A GOTA D'ÁGUA
Ana Paula Tavares

Como a aranha sol se volta sobre si própria no deserto e tece a teia para guardar um pingo de água que a manhã soltou assim as mãos gretadas e em sangue recolhem ávidas da sombra do cacimbo seu avesso molhado. No interior das casas o tempo arde e o calor brilha.

Há séculos que não chove, não há música no telhado nem pingam gatos arrepiados de frio. Tudo está saturado de calor e seca.

Uma mulher antiga tem um rio preso nas mãos e guarda-o como a aranha do deserto a sua preciosa gota.

SANGUE

Manuel Jorge Marmelo

Raspo
com a unha
roída
a crosta pequena
de uma ferida
qualquer.
Brota
rubra
uma gota de sangue.
Chupo-a.
Tem o sabor
da infância.

ANDAVA UM HOMEM PESADO...
Ondjaki

andava o homem* de trás para a frente como se um limite geográfico o enclausurasse num lugar. o homem podia andar muito mais para a frente e muito mais para trás. mas não o fazia.

o homem, de longe ou de perto, parecia assim um prisioneiro num espaço. nem de longe nem de perto, não era possível — desde fora — ver ou saber o que impedia o homem de se deslocar mais uns metros adiante. ou no sentido contrário.

andava esse homem com os músculos das pernas em esforço há já alguns anos. se indagado, dizia quase sem mágoa: "o que uns nada sentem pode para outros ser motivo de grande perturbação". é assim que a leveza pode seguir a mesma lógica. e as leis da gravidade.

andava um homem de trás para a frente a jogar com os limites da sua paciência e dos cálculos que efetuara. o esforço havia sido medido e usado ao limite. uma lágrima é o limite que divide a capacidade de se mover da obrigação de estar quieto.

era um homem que expressava o peso do seu corpo (ou mesmo da sua alma) pelo número de lágrimas que chorava. ou deixava de chorar.

---

* [ao espelho / um homem cheio de lágrimas: / quando o vislumbro, / tudo o que nele reencontro / é denso.]

A LETRA E A NOITE
Paulinho Assunção

Talvez tenha sido na adolescência, talvez um pouco antes, quando a percebi na casa vizinha, e notei o que ela fazia, ou então intuí o que ela poderia estar fazendo. Agora, já bem tarde, tantos anos já passados, sei que ela possuía o hábito de deixar ao relento o que escrevia, de modo que a umidade da noite, e o orvalho, com seus cristais e seus dedos de orvalho, borrassem a tinta e as letras, e então pela manhã nada mais podia ser lido, eram ruínas de um texto agora ininteligível, assim como uma cidade após um bombardeio, assim como um rio de leito seco.

imaginação

IMAGINAÇÃO
Ana Paula Tavares

E todos diziam mais ou menos baixinho que o imbondeiro chorava. A árvore ocupava um centro não muito longe da baía de Chioua por onde passavam os pescadores, as vendedoras de peixe e fruta com seus pequenos pés cheios de caminhos e as crianças cheias de mundo e de sorrisos e todos deram conta. As mulheres passaram a vir de noite colher em pequenos vasos de barro a água da árvore para a guardar e aproveitar no futuro. Nem todas o conseguiam porque a técnica da colheita era diferente da recolha do marufo das palmeiras grandes e pequenas. As velhas ainda tinham na memória o tempo de rasgar a entrecasca de árvore (o licondo não é uma planta inútil) para dela fazer tela ou tecido e tentavam as mesmas técnicas quase sempre sem resultado. Os muito antigos sabiam a história de Madia, a filha do chefe e Luvualu o pescador cujo amor proibido os condenara para sempre à árvore e a serem antepassados antes do tempo e dos cacimbos. No chão à volta ex-votos e oferendas chamavam pela clemência dos deuses.

A VACA E O HAMBÚRGUER
Manuel Jorge Marmelo

Parece-me, às vezes, que a literatura funciona como as máquinas de picar carne. No início está sempre uma vaca concreta e real. Depois mata-se a vaca, corta-se a vaca e atiram-se os bocados para dentro da máquina trituradora. Do outro lado do aparelho aparecem, ao fim de um bocado, hambúrgueres, almôndegas e carne picada. Mas não tenho a certeza de que a vaca ainda seja capaz de se reconhecer se lhe for permitido contemplar-se, já embalada, nas prateleiras do supermercado.

CHEIO DE CHUVA

Ondjaki

encho um homem de chuva.

(ele) inaugura em si o lugar de semente.
por um lado, não brota, não se deixa reinventar: nunca foi músculo, nunca cresceu em caule. tem medo das flores que há de ser e secar. recua o corpo para perto de um dentro que é frio, e é mágoa.
por outro, o homem nasce em fruto forte.
tem a textura das coisas por dizer e na pele o futuro torcido. antes de desabrochar.

...

enchi um homem de chuva
e
tudo o que encontrei nele
foi uma espécie de varanda.*

---

* lugar arejado em prontidão para a chegada de olhares, pés, brisas; lugar apto para a poesia escrita ou não; espécie de maresia.

A CARTA IMAGINADA
Paulinho Assunção

era uma carta para nomear a maciez do dia. a carta rondava a paisagem, fazia o caminho que os animais costumam fazer quando acordam.]

[éramos muito pequenos naquele momento. tão pequenos que o azul nos vazava e abria comportas de aguaceiros sobre o que éramos de pessoa, de carne e de ossos. tão pequenos éramos que os passarinhos vinham e pensavam que éramos ciscos.]

[então veio a carta para nomear a maciez do dia. os especialistas em gramatologia logo disseram que se tratava de um objeto anômalo. tantos dias em dureza, tantos dias em arestas. e agora aquela carta para nomear a maciez do dia.]

[os remetentes, pois eram muitos, avisavam: "não é preciso data". a carta, então, vinha desdatada, sem mês, sem dia, sem ano. mas nomeava a maciez do dia.]

["qual dia?", os especialistas em gramatologia perguntavam, espantados, boquiabertos, centauros atravessados por flechas solares.]

[é que o dia mostrava o sexo ao sol. o sexo do dia era só filosofia. e se mostrava ao sol para espanto das viúvas que faziam o queijo, o licor, as trempes sobre a areia, aquela ânsia de povoar o deserto e riscar dos queixos os maridos mortos.]

[e as viúvas ansiavam por certas músicas quando chegou a carta para nomear a maciez do dia. brasas sob as trempes, as panelas com água fervente, os olhos dos lagartos que nadavam nas especiarias. e os queixos das viúvas agora sem marcas de maridos mortos.]

[um de nós disse: "somos cossacos". outro disse: "somos esquimós". e outro disse: "as viúvas querem música para saudar o sexo do dia".]
[era uma noite de prata quando lemos a carta que chegou para nomear a maciez do dia. as armas nós as havíamos jogado no abismo. tão pequenos éramos. e tão desarmados.]
[a carta foi lida tantas vezes que a prata da noite enegreceu sua abóbada pelo cansaço. as viúvas então riram. quase não tinham dentes. mas riram. e um de nós disse: "ninguém pode com a maciez do dia".]
[certos peregrinos de caravanas que iam e vinham deram notícias sobre o falso encolhimento do deserto. resumidas, condensadas, as notícias anunciavam equívocos do olho, equívocos da imaginação, equívocos do pensamento. e um de nós disse: "de fato, o deserto expande-se, e ninguém pode com a maciez do dia".]

jogo

O JOGO
Ana Paula

E o mestre deitou-se a descansar depois de ter desenhado o primeiro buraco. Os vinte e três seguintes seguiriam a ordem natural da órbita da vida. Como o tecelão escolhe a fibra das fibras para iniciar o seu trabalho assim o chefe que parte deixa um princípio para ser lembrado por todos. O chão de terra vermelha permite o alinhamento das cabeças e o controlo dos movimentos em sentido contrário ao dos ponteiros do relógio e repetir a tática do nascimento da terra do alinhamento dos planetas e da localização da lembrança. Entre a vida e a morte há vinte e oito, trinta e duas ou trinta e seis casas e cada pedra representa uma pessoa e as voltas que ela dá em busca das soluções de cada batalha, contornando a diagonal do fogo. Existe um tesouro escondido para descobrir em cada buraco e é preciso segurar o medo com gestos medidos e precisos.

Só a sorte não é permitida.

TÉNIS DE MESA

Manuel Jorge Marmelo

No suplemento Babélia do jornal *El País*, Manuel Rodríguez Rivero explicava, numa crónica, de que modo algumas bibliotecas britânicas, ameaçadas de encerramento, estão a procurar cativar mais leitores. Há ideias para quase todos os gostos e algumas até com certo potencial erótico. Aquela que mais me tocou é, todavia, a que diz respeito à organização de campeonatos de *booky table tennis*, uma modalidade de ténis de mesa na qual os livros fazem de raquetes conforme a ilustração de Max, acima. Li-o e lembrei-me de que era mais ou menos assim que, no ciclo preparatório, jogávamos pingue-pongue na mesa da sala polivalente da Escola Preparatória Maria Lamas: quando não havia raquetes, o que sucedia quase sempre, usávamos os cadernos para bater na bola e enviá-la para o campo do adversário, contingência que em nada diminuía a qualidade e o entusiasmo do nosso jogo.

Ocorreu-me isto, já agora, também porque esta semana estive a tomar café com um colega daquele tempo, o Moisés, o qual, a dado passo, se recordou de uma outra modalidade desportiva que, pelo menos num caso, se praticava de forma um pouco arrevesada: dardos. Mais concretamente, parece que, numa ocasião, o Paulo Dragão, que era meio amalucado, resolveu lançar um dardo usando a minha cabeça como alvo. Eu não me lembro de nada (devo tê-lo recalcado), mas o Moisés recorda-o muitíssimo bem, pelo que, se calhar, devo a minha atual integridade física sobretudo à má pontaria do tal Paulo Dragão.

ESTIGA
Ondjaki

antes do início — era a palavra.
na infância, já era mesmo.
estigar era estigar: chorar nem podíamos; mas é que acontecia.
...
era a reunião das vozes e dos corpos. a nossa espada era a língua desportuguesa: nós, as crianças, estigávamos de doer. nossa dor, nossas lágrimas: cada um a se esconder em todas.
...
o nome do jogo perdia-se nos olhos dos nossos dias: era a palavra antes da infância.

DA MONTAGEM DE UM LIVRO, SEMPRE JOGO

Paulinho Assunção

[se pudesse voltar à primeira vez em que imaginei um livro, ali pelo ano de 1967, quando ia de ônibus por uma rua na região oeste de belo horizonte, eu queria que ele tivesse sido totalmente guiado pela ideia de jogo.]

[eu diria assim, sobre esse livro imaginado: que tenha um preâmbulo que se chame: solfejos. ou sol poente de caramujos.]

[que tenha um prefácio que remeta a outro livro ainda inexistente.]

[que a primeira parte reúna os poemas-ossos, todos os que sejam descarnados, secos, ásperos.]

[que a segunda parte não exista, mas possa reunir os poemas-silêncios, os que ficam atrás da porta ou dentro das latas de mantimentos.]

[que a terceira e última parte, agônica, reúna os não--poemas historiados, seus minúsculos casos, suas pérfidas investidas à cerca dos gêneros, que neguem a filosofia e à filosofia peçam ou implorem as núpcias do verbo.]

[que o posfácio tenha um nome-navegante, com teores próximos a "jamais um livro chega ao pórtico das bem--aventuranças".]

[que o livro não tenha um título, mas possa se chamar: "quem pode traduzir a lâmina verde do mar?"]

kalahary kamaleão

DESERTO
Ana Paula Tavares

Ali começa a grande sede e o lugar onde toda a areia se arruma em grãos de ouro à volta do silêncio. Não é um deserto, dizem, mas coisa muito antiga, baciazinha de areia a esconder carvão mineral e os caminhos dos rios efémeros que de vez em quando tomam vida para fazer nascer gramíneas e tubérculos cheios de água como odres e que os homens colhem nas situações mais difíceis. Ali moram os homens mais antigos com passos de veludo e uma língua que se liquefaz entre som e silêncio. Caminham nus e sem máscara que é o que convém a quem vive com uma só lua, se orienta a sul e esconde o sorriso entre as dunas. Ali prometi chegar para morrer um dia entre a noite e a madrugada (cinza e pó) depois de tantos mundos andados e outros por andar. Dobrei-me sobre mim mesma em respeito às pedras do sol e às pequenas árvores imortais. "Não é o teu sítio", disseram-me. Pude então partir na direção contrária do vento para afastar os homens e os bichos. Meu coração bolbo ficou para dar água a quem tem sede.

ANIMAIS IMAGINÁRIOS
Manuel Jorge Marmelo

No bosque do passeio inaugural, entre as plantas do jardim, furtivas, espreitam agora outras quimeras animais: tão imaginárias quanto nós.

PENSAVA QUE ERA KALAHARY, AFINAL ERA AZUL

Ondjaki

brotavam
os minutos morosos,
séculos entre
os espaços azuis
de todos os silêncios

;

a criação de mundos
a dor
as lágrimas
o pressentimento
e a certeza dessa tristeza assim
furiosa, estridente, intensa.

essa tristeza azulada:
pele-a-dentro.

...

perto da espera eu era
essa madrugada
em estado de quase.

A LÍNGUA DOS CAMALEÕES
Paulinho Assunção

Certa vez, imaginei um conto, e o conto começava assim.
Doctor Jespoy tem um olho de vidro (o direito), coleciona pedrinhas de países e diz ter aprendido a língua dos camaleões. É um homem redondo, taludo, usa bigode em um mês, retira-o no outro, volta a usá-lo no mês seguinte.
Na tarde de ontem, estive com ele no sobrado da rua Mann. Posicionei-me na poltrona de cujo assento se tem bela visão do quintal. Eu disse sim quando ele me ofereceu um charuto, eu disse sim quando ele perguntou se deveria ou não colocar na vitrola a Sinfonia dos mil, *de Mahler. E eu disse sim, mais uma vez, quando ele me perguntou se poderia treinar abecedários e semânticas com o camaleão, um lustroso bicho que ele criava em uma gaiola de metal. E ali ficamos: ao fundo, as mil vozes do Mahler; mais para a superfície das sonoridades, a voz abaritonada do Doctor Jespoy em diálogo com o animal. E pude perceber, atento àquela cantilena, que os camaleões gostam das palavras sibilantes e desenvolvem raciocínios de modo anticartesiano. Diria até que, em certos momentos, eles praticam certas combinações dialéticas, jogos de teses e antíteses, uma ou outra síntese. Só não pude comprovar o que Doctor Jespoy afirmou, com todas as letras e todas as certezas, que os camaleões falam muito bem das mulheres, têm para elas palavras quentes e candentes e dizem frases muito assemelhadas com declarações de amor.*

luas

OS CÍRCULOS VERMELHOS DA LUA
Ana Paula Tavares

Ser gato e esticar o corpo em arco até ao limite só para falar à lua com a voz movida para fora em sons lentos e em crescendo até encontrar o tom certo, a segunda palavra, aquela que tem inscrita, por dentro, uma raiz, um núcleo e que quando jogada à lua se abre em música.

Escrevi uma vez um poema, que é a maneira mais difícil de contar, para dizer segredos do lago da lua e do sangue dos princípios. Saiu um livro inteiro dedicado ao primeiro tempo, ao tempo do meio, ao tempo obscuro das promessas.

Dá que pensar esta lua que vai e vem todos os dias, que nos governa as marés, os ciclos e as voltas da vida. Dá que pensar no planeta que segura o tempo em quarto minguante e o vai dobrando para nós devagarinho.

Ser gato e esticar o corpo em arco só para falar à lua e ler-lhe os poemas do lago, do sangue das raparigas, de Santa Teresa D'Ávila, de Adélia Prado e assim ver iluminar-se a face obscura aberta ao luar em qualquer julho de todos os anos.

FÊMEAS E MACHOS

Manuel Jorge Marmelo

Bendita seja a mulher madura, pois é ela a mestra da artes de perscrutar a lua e nela ver o que veem os gatos e os linces, o lobo e os outros animais. Dela os enleios de olhar e mostrar nos arremedos do corpo como pode a lua gorda e branca bulir com as coisas dos machos e das fêmeas. Dela a bem-aventurança de sentir a lua entrar-lhe nas veias e explodir-lhe nas ancas.

Branca e gorda, a lua. Cheia e pálida. Aprendi a vê-la de tanto olhar, de tanto pasmar ao assistir aos fulgores laranja das noites mornas, de tanto fixar os olhos nos sombreados negros, de medir a curva perfeita do seu globo. Mas ninguém disto ensina tanto como a mulher madura, que não precisa de ver nada e tem a lua cheia dentro da cabeça, na boca do corpo.

Foi, porém, necessário que amadurecesse eu também para que, amando, tivéssemos os dois nacionalizado a lua; para saber que em lado nenhum ela é tão bela e branca, tão de mel, como no fundo da menina dos teus olhos.

LUA QUÊ?
Ondjaki

uns tinham dito que era para ter medo da lua cheia. os lobisomens. mas isso era coisa que já andávamos a ver na televisão e dava medo assim de ouvir aquela música, mas nós não achávamos mesmo que em Luanda havia lobisomem.

(um FAPLA da nossa rua já tinha dito que lobisomem em Luanda não dava porque quem anda muito de noite pensam que é bandido e lhe dão porrada ou tiro de aká.)

também disseram que lua cheia punha os malucos bem malucos mesmo. mas os malucos que circulavam ali na nossa rua nós até já conhecíamos: a Feta, que não fazia mal a ninguém. e aquele da escola que andava sempre com um volante imaginário nas mãos e o carro dele dava derrapas nas curvas e nós batíamos palmas quando ele passava no corredor a alta velocidade sempre em primeiro lugar. quarenta voltas ao circuito mesmo com volta de aquecimento. o nome dele era Belo.

agora: quando disseram que na noite de lua vazia quem fizesse xixi antes de ir dormir acordava sem nenhum pirilau entre as pernas... isso é que foi pior. todo mundo a querer saber: mas lua vazia é quando?

lua nova?

não. lua vazia.

ninguém nem sabia.

até que um dia, um de nós: "o meu avô falou que hoje é noite de lua vazia".

...

quando voltei da escola, no dia seguinte, a minha mãe me ralhou bué e ainda me pôs de castigo porque dava masé muito trabalho tirar o colchão do quarto e pôr na varanda a apanhar sol durante dois ou três dias só para o cheiro ir embora.

DE ENLUARADOS E LUNÁTICOS
Paulinho Assunção

Sempre gostei de imaginar que a lua estava no céu na noite em que nasci. Era julho, um mês lunar.

O dia era o 21 e a hora era a hora próxima da meia-noite, um fato que me colocou a meio passo de um outro dia, talvez de um outro signo, como entendem os leitores do zodíaco. Mas a lua, conforme gosto de imaginar, certamente se mostrava no céu naquela noite do meu nascimento. Não sei se era lua cheia ou nova, se quarto minguante ou quarto crescente. Não sei. Mas guardo esse prazer quase secreto de imaginá-la com os seus holofotes abertos e possantes naquele 21 de julho, um mês friorento, mês de geada nas grotas e grotões de Minas — e também de um azul muito claro no céu.

Com ou sem lua, porém, o certo é que a lua me acompanhou e me acompanha pela vida afora. Para ela, a nossa língua portuguesa produziu algumas palavras que estão entre as minhas preferidas. Enluarado é uma; lunático, outra. Eis um verbo que merece a minha reverência e o meu respeito: enluarar; eis alguns seres sobre os quais sempre mantive os olhos atentos de admiração: os lunáticos. Nunca os vi como doidos; sempre os vi como seres especiais, equipados com um tipo muito raro de radar e capazes de viver num tipo de realidade *sui generis*, ou seja, o "mundo da lua". E não é que a expressão mais universal para selar a noite dos noivos tenha em português essa metáfora tão bela, a lua de mel?

A lua me acompanha. Ou eu acompanho a lua. Em 1973, quando vivia em Córdoba, Argentina, gostava de ouvir uma canção espanhola, cujos versos iniciais (seriam de Lorca?) eram: "La luna es un pozo negro/ Las flores no valen nada/ Lo que valen son sus besos/De noche cuando me abraza". E foi em um dia igual ao do meu nascimento — aquele 21 de julho de 1969 — que o astronauta Neil Armstrong pôs uns pés tão invasores sobre a superfície da lua. Um acontecimento, de resto, de pouquíssima credibilidade na época — minha avó, por exemplo, jamais acreditou em tal feito e sempre achou tratar-se de uma invenção dos americanos. Sem dizer do homem que, na praça mais central de Belo Horizonte, aproveitou o fato para vender a otários alguns lotes na lua.

De todas as maneiras, não contente com apenas uma, busquei outra e criei, em 1998, a Edições 2 Luas, minha oficina de livros feitos à mão pelas artes de uma lunática artesania. Entre tantos outros motivos para a escolha deste nome, cito este: minha companheira, a escritora Lucia Castello Branco, é também nascida em julho e fez bem em batizar a editora com luas duplas. Mas, acima de tudo e de todos, quando a lua surge no céu com a sua repentina lentidão, para mim é como se alguém muito risonho aparecesse na minha janela. Pois a lua sempre dá a impressão de estar dentro de uma moldura invisível, rindo de todos nós. Foi assim com aquela lua, às cinco da tarde, que vi sobre a Place Vendôme, em Paris; foi assim com aquela outra lua que ria lá do mais alto do céu de Riverside, na Califórnia, já à beira do deserto. E foi assim com aquela lua que, das altanias da serra da Estrela, de repente abriu janelas e janelões sobre a noite de Portugal.

mares

ATLÂNTICOS
Ana Paula Tavares

Descia-se a serra de comboio por uma linha estreita. Era como descer uma escada de caracol, sentadas em primeira classe com a madrinha a oficiar e mantas inglesas sobre os joelhos. Era março e calor mas a etiqueta obrigava a mantas, malas de couro, cabelos apanhados em laços de veludo e chapéus. Às seis da manhã podia finalmente avistar-se aquela franja branca a vomitar conchas e pedras, algas, paus, restos de mundo pela praia. Era um mês inteiro para ser feliz, descalça sobre a areia, em roupão turco e cheiro a creme *nívea*. Decorei todas as formas do mar, seus íntimos cheiros, seu falar de búzios e lapas. A cor ia mudando ao longo do dia, entre verde e azul, entre branco e cinzento. Foi o mar que me ensinou as cores e não a serpente do arco-íris, como se diz nas histórias. Antes de a minha filha nascer fui ver o mar e oferecer-lhe as primeiras águas de um mar interior que guardara durante nove meses.

Mais tarde ao conhecer o Índico soube: o mar, o meu mar, o meu único mar era o Atlântico, calmo a sul, mais encorpado a norte. Era o Atlântico que servia a minha língua de leite, esta que escolhi como porto e lugar de morar: o peito dos amigos que têm atlânticos para avistar e viver em Minas, medos para enfrentar no Porto ou os que de pé na curva da baía de Luanda avistam a mata, os navios e o mundo.

MEDO

Manuel Jorge Marmelo

Tenho medo ao mar. Ou respeito, ao menos. E julgo saber porquê.

Talvez já antes tivesse estado lá, imerso em água salgada, rompendo as ondas com o calor do corpo. Decerto conhecia já o arrepio, experimentara a respiração suspensa do corpo atravessando a lâmina superficial das águas, provara o sal com a língua, fechara os olhos, erguera-me com algas no cabelo. Mas não me lembro de como foi antes. Apenas recordo essa manhã, claramente, como se tivesse sido a primeira. Foi aquela a aflição que me ficou fundamente gravada, como uma sentença cinzelada na pedra. Quando regresso ao mar, ainda que não me lembre, há sempre em mim esse medo. Ficou para sempre a falta de ar, o pânico, o corpo atirado à sorte, rolado no meio das ondas, esfregado na areia. A água que me invadiu a boca quando quis respirar.

Era uma manhã de verão, mas nem verão era. Havia nuvens no céu e ameaçava chover. O mar estava raso e não me ultrapassava a cintura. Mas eu era pequeno e fraco e as suas ondas vigorosas, porém pequenas, como coices encaracolados e diminutos que me atiraram ao chão e se entretiveram a brincar-me como corpo. Não durou mais do que um instante, mas pareceu uma eternidade — como a morte.

Tenho medo ao mar. E amo-o. Sei que pode ser doce e cálido, que o seu sal pode temperar o corpo e nele ser bebido e comido, que se pode ser feliz no mar. Eu já fui feliz no mar — ainda que esse seja um mar distante. Já fui feliz no mar até de noite. Mas não me livro nunca do medo inaugural.

A CICATRIZ DA ÁGUA

Ondjaki

era o mar
a salvação?
...
deixo que o eco do olhar
húmido
a nós regresse.

andámos séculos
a costurar a água
com as mãos enraizadas
em outros
de nós.
...
foi pela travessia — no corpo do mar —
que cicatrizámos
todas as águas.

OUTRO MAR
Paulinho Assunção

O mar que eu vi pela primeira vez aos 21 anos não era o mar das fotos e das gravuras, o mar que as pessoas traziam a Minas Gerais com palavras, com histórias, o mar que havia nos livros, o mar que, naquele tempo antes da televisão, um tempo quase sem cinema, só me chegava por vias imaginadas e imaginárias. O mar que eu vi pela primeira vez era outro. Foi na praia de São Vicente, em Santos. Eu acabara de fazer a minha primeira migração, o meu primeiro exílio, e fui ver o mar pela primeira vez. Desci de ônibus pelas curvas da estrada de Santos, tal e qual naquela velha música do Roberto Carlos, desci ao nível das águas, deixava as altitudes da minha origem para ir ao grau zero de uma inauguração, a inauguração de ver pela primeira vez o mar.

Mas ao ver o mar, ao pisar suas águas como quem pisa em uma lâmina, soube desde então que não seria o marinheiro que sonhara ser, marinheiro em grandes barcos e grandes navegações. Aquele mar ali na praia de São Vicente era outro, assim como outro marujo eu seria, marujo de outra espécie, marujo das navegações imóveis. O meu mar, o que a mim chegara pelas fotos e gravuras da minha infância, tornara-se mais poderoso do que o verdadeiro mar ali à minha frente — este, sim, visto pela primeira vez. Ainda hoje, quando passeio os olhos pelos descampados do Alto Paranaíba, quando deixo que os meus olhos se percam naquele "a perder de vista" do cerrado mineiro, eu sei que aquele é o meu mar, mar para sempre em mim, mar dentro de mim.

Foi neste mar-alto do planalto, mar de árvores retorcidas, mar onde mora o lobo-guará e nascem as gabirobas e as lobeiras, nascem os ipês e as perobas, foi ali que imaginei barcaças, ali imaginei tempestades, ali comandei navios, ali inventei portos e viagens. Bastava fechar os olhos. Bastava ligar, por um botão azul, o engenho dos devaneios.

migrações

TRANSUMÂNCIAS
Ana Paula Tavares

O Anangula era o cozinheiro da casa da madrinha. Fazia parte dela como os pássaros e outros animais domésticos e também porque quando nos levantávamos já ele se afadigava em torno do fogão e do forno de lenha a espevitar as brasas, a varrer cinzas e a espalhar pela casa e pelo quintal os mil olores do pão e do café coado. Às vezes já era noite alta, ali a noite não acontece, desaba, quando o Anangula atravessava o seu bordão pelos ombros não sem antes ter amarrado numa das pontas, dentro de um pano de muitos nós, os seus pertences e partia.

O Anangula nunca falava a não ser para nos enxotar da cozinha, já que as crianças e os bichos tinham o faro muito apurado, uma tendência para mexer na comida e molhar o pão no azeite e nas latas de açúcar. Os gestos do Anangula eram lentos mas muito eficazes pois a casa mudava de comida todos os dias de manhã, à tarde e à noite.

Uma vez por ano, durante o cacimbo, de junho a agosto, o Anangula desaparecia lá de casa e éramos nós, então de férias, que nos ocupávamos da cozinha. Era um tempo de emagrecimento geral pois não sabíamos o segredo das feitiçarias do fogo, da separação do arroz, da mistura ideal das sopas.

O Anangula partia para um país distante e, quando voltava, voltava mais velho. Era mesmo a única época do ano em que o Anangula envelhecia, conservando o resto do ano a carapinha de prata sempre igual, os gestos lentos e as mãos precisas. Nós crescíamos em silêncio, pelos cantos, todos os dias.

Em setembro o Anangula chegava diferente, curvado, com os olhos saturados de tempo e as mãos um pouco trémulas. Quando o Anangula morreu descobrimos que ele e os seus bois tinham a doença das viagens. Uma vez por ano e durante alguns meses percorriam toda a serra, por caminhos novos e antigos, para encontrar pastos novos e a boca das nascentes. O Anangula guiava os homens e os bois e tinha olhos de ver o capim gordo. Não gostava de voltar e um dia ficou para sempre.

VIAGEM NENHUMA
Manuel Jorge Marmelo

Tenho ainda guardado o mapa da maior viagem que ainda não fiz — hei de fazê-la um dia e sei até como é o sítio para onde vou; só não sei onde fica; e nunca lá estive. Não abri ainda o mapa, por falta de tempo e por ser precipitado executar tais gestos sem estar preparado para partir. Não cometerei esse erro ao menos. Espero com calma. Espero com a certeza de que o dia há de chegar e, então, saberei estar preparado.

Não sei o que indica o mapa, portanto. Talvez tenha eu mesmo que traçar todas as suas linhas, pintar de azul as suas águas e desenhar o recorte das terras, dos montes, das baías e dos cabos. Saberei fazê-lo, quando chegar a hora. Quando tiver encontrado o sítio, quando tiver a certeza de que é tal ou tal o nome do lugar onde serei feliz, aí sim, desdobrarei o meu mapa e começarei os passos todos da minha viagem. Antes disso, todos os caminhos que possa percorrer não passam de deambulações de homem ébrio.

Sei que a terra da minha viagem será morna e cheia de sorrisos. Sei que terá um mar por perto, de águas doces. Um rio com peixes de prata. Campos verdes com gado pastando. Que as pessoas se dirão bom-dia quando a luz se inaugurar e bom-dia outra vez quando se reencontrarem, sejam que horas forem. Que todos saberemos os nomes uns dos outros. Que, se quisermos, saberemos juntar-nos e celebrar o que calhar, sem precisar de calendários de datas festivas. Faremos o Natal em março. Faremos a sagração da primavera quando tivermos vontade de rir. A terra nos dará tudo e saberemos respeitar os seus rigores, jamais colhendo mais do que aquilo que ela possa produzir. Um dia farei a viagem. Quando souber o sítio disto.

EU QUERIA MESMO ERA...

Ondjaki

o corpo dos pássaros. a ondulação do destino sabido pelo instinto.
a curva* longa; a chuva e o ar salgado do sol depois do mergulho.
eu queria mesmo era ser pássaro para brincar com a palavra voar: saber da partida que abandona o ninho e do caminho que se inventa à chegada.
uma bússola no ventre de mim.

essa urgência** louca, essa urgência*** nenhuma.

---

*   *a curva longa:* espécie de horizonte oblíquo, em prontidão poética; caminho de ferro para a chuva; pequeno resguardo para o olhar.
**   urgência louca: a desarrumação; a dor invisível; a explosão silenciosa.
*** urgência nenhuma: prazeroso abondono; a brandura; uma cor depois do branco e do amarelo-leve.

IDAS E VINDAS
Paulinho Assunção

Com dezesseis anos, fiz a primeira longa viagem da minha vida, pouco mais de 300 quilômetros entre São Gotardo, onde nasci, e Belo Horizonte. Era a primeira longa viagem e era também uma viagem sem volta. Eu jamais voltaria. Três anos depois, com uma mala de couro cru mais recheada de sonhos do que de coisas, eu fui para São Paulo. Queria ser cantor, compositor. De fato, cantei e compus, cheguei a me apresentar em um programa de calouros do maestro Diogo Pacheco, cantei e toquei junto com Fernando Lona (parceiro de Geraldo Vandré) em uma boate chamada Curtição, na avenida Brigadeiro Luís Antônio, e até imaginei que a música e os palcos estariam para sempre na minha vida. Pouco depois, no entanto, naquele ano de 1973, ouvi de novo o chamamento das estradas e fui para a Argentina. Fixei-me em Córdoba. Assisti à volta de Perón, e vi, passo a passo, o mergulho do país na mais cruenta das ditaduras, em um tempo, aliás, em que a América Latina se arrodeava de ditaduras por todos os lados. Fiquei na Argentina até quando pude. E permitiram. E voltei a São Paulo. Depois fui para Lima, no Peru. Lá assisti à queda de Velasco Alvarado, lá conheci Darcy Ribeiro durante a exibição de um filme sobre o Che Guevara no cineclube do Ministério do Trabalho. Era o ano de 1975. Jamais fui tão magro como naquele tempo. Tanto que, ao cantar, fiapo de ossos que eu era ao me debruçar sobre o violão, mereci de um amigo exilado, o pintor Vicente Abreu, o apelido de "Passarinho". Fiquei também em Lima até quando pude.

E permitiram. E voltei a São Paulo. E ancorei o meu barco em Belo Horizonte.

Tudo isto é um resumo de idas e vindas, pois até hoje me sinto um homem a caminho. Descobri até que as viagens são meros deslocamentos geográficos, porque, mesmo sem viajar, há sempre em mim o sonho de uma cidadania universal. E assim me sinto. Em cada lugar onde estive ou morei — Portugal, França, Estados Unidos —, na rua por onde caminhei, nos olhos das pessoas que conheci, sempre estava presente essa ideia de uma cidadania universal. O mundo é a minha casa, as pessoas do mundo são a minha gente.

namoro

NAMORO
Ana Paula Tavares

E, aquele que não morou nunca em seus próprios abismos nem andou em promiscuidade com os seus fantasmas, não foi marcado. Não será exposto às fraquezas, ao desalento, ao amor, ao poema.

Manoel de Barros

A cara, todas as rugas, cicatrizes, marcas do tempo. Os olhos pendurados num tempo mais do que antigo: cartão de canto dobrado, ela disse que sim ou não, folhas secas no meio de livros abandonados, cartas de febre, rendas marcadas de amarelo e ocre e manchas de perfume. O arco suspenso: alongo o rosto de perfil e as tuas palavras serão os sons e o murmúrio do mundo. Ainda acredito nos ecos e na camada de sombras com que a tua voz me amansa o rosto e constrói uma distância mansa mas severa entre ti e mim. O cerco é apertado porque transporta a consciência de um tempo vivido — o nosso tempo — com o qual ainda não consigo ser indulgente, afetuosa, e ceder às tentações. Estamos tão marcados por ele. Afinal a vida é única, individual, nossa e da ordem do sonho. Por isso ainda são as tuas mãos que me cercam o corpo envelhecido que se arredonda e cede a uma violenta e desconhecida gravidade e é o torpor do teu corpo adormecido que me sustenta o escuro tão assustador das noites sozinha.

O PRIMEIRO SORRISO DO MUNDO
Manuel Jorge Marmelo

Quando o dia começa o jardim está quieto e as águas do lago paradas. É raro que alguma brisa venha bulir nas folhas da pequena oliveira. Armam-se, com vagar, as cadeirinhas da esplanada. Algum escasso pássaro boceja no céu onde as nuvens lentamente se encastelam. O trânsito passa sem ruído, lento e mudo. Um cão pontual, sem trela, defeca na relva húmida do orvalho enquanto a dona desperta. Afasto-me da janela. Recolho-me e recordo a hora quase escura em que os meus olhos se espantam para ver o primeiro sorriso do mundo.

MANOELÊS
Ondjaki

1.
a gente fazíamos de propósito: atropeçávamos.
"atropeçar"
era uma conjugação em poemês.*

2.
exemplos de "éramos":
— a gente desplodia alegrias;
— a gente, quando não éramos voo, éramos esconderijo;
— uma vez não houve sol, e fingimos que já não éramos;
— uma vez inventámos um apito-de-silêncios só para desapitar a palavra "éramos"...; desapitava assim: fiu fiu, ffffff; e depois: fiuuu fiuuuuu, fffffffffff.

3.
exemplos de "árvore":
— árve; andorinha; poesia.

4.
exemplos de "enamoramento":
— a candura de Sancho ao querer acreditar no que lhe prometeu o outro;
— um livro escondido, cheio de anotações para alguém que nunca recebeu as anotações nem o olhar do anotador;
— fores secas, cuidadas.

---
* poemês: referente a manoel de barros.

5.
exemplo de "pessoa":
— as que se lembram e as que se inventam;
— alguéns parecidos com passarinhos, com nuvens;
— as arejadas, mais sábias.

A SENHORA LÍNGUA PORTUGUESA QUER NAMORAR COMIGO

Paulinho Assunção

Disto, eu tenho certeza: a senhora língua portuguesa sempre quis, sempre quer namorar comigo.

Todos os dias a senhora língua portuguesa passa pela minha rua, sobe e desce, vai e vem, e gosto de olhar o modo como anda a senhora língua portuguesa, o seu jeito

de pisar os ladrilhos da minha calçada, o seu jeito de levar nos cabelos uma flor de ipê, o ipê-amarelo, os lábios que ela mostra quando diz bom-dia, boa-tarde, boa-noite, ah, sim, é bom ver a senhora língua portuguesa na minha rua, ela vem

de todas as ruas, ora aparece pela rua do meio, ora aparece pela rua de cima, de vez em quando traz com ela um cesto, nunca sei o que há dentro desse cesto que a senhora língua portuguesa leva em seu roliço e apetitoso braço, acho que ele traz doces, acho

que ela traz frutas, acho que a senhora língua portuguesa traz no cesto do seu ir e vir as guloseimas da sedução, pitéus certamente, quitutes com certeza, ambrosias muito provavelmente, e palavras, tantas palavras, ah, sim,

também gosto de olhar as coxas da senhora língua portuguesa quando ela vai e vem pela minha rua, gosto, sim, muito eu gosto, e penso, penso comigo, penso que a senhora língua portuguesa quer namorar comigo, dia e noite eu sei que a senhora língua portuguesa

quer namorar comigo, um beijo, os beijares, sei que a senhora língua portuguesa igualmente quer os meus beijares no bico dos seus seios, os meus beijares no fundo do seu umbigo, os meus beijares na redondez da sua bunda, os meus beijares sobre os seus lábios, os lábios da senhora língua portuguesa, sim,

ela sabe, dia e noite ela sabe, por isso ela quer namorar comigo, por isso ela passa pela minha rua com o cesto pleno de guloseimas, seduções em porções, seduções de frações, sim, todos os dias, a manhã nem começa, a madrugada ainda em vigência, luas e estrelas ainda não expulsas pelo sol, sim, e então vem a senhora língua portuguesa pela minha rua, quer de mim

a vida, quer de mim o corpo, quer de mim a alma, quer de mim as safadezas, quer de mim os vigores do amante, a senhora língua portuguesa quer namorar comigo.

pássaros

PÁSSAROS COMO GENTE

Ana Paula Tavares

Os pássaros vinham de manhã, sempre em silêncio, comer as migalhas do chão, experimentar os bicos na massambala, treinar voos razantes por cima das bagas que secavam ao sol. Entregavam-se a uma vida pedestre de pequenos passinhos saltitantes e povoavam o quintal pé-ante-pé. Abdicavam a sua ciência de voar para partilhar com os miúdos a condição de rapina, bípede, em passos rápidos, para espantar a fome de pão e azeite. Era então que a avó aproveitava para nos ensinar a delicadeza das asas, a elegância do corpo afinado ao voo, as capacidades de rotação do pescoço limpando o corpo de parasitas e pó. Depois os nomes, a tua-tua, o noi-tibó, o beija-flor, a garça, o estorninho. Sempre atenta aos detalhes a avó afinava a voz para ensinar os pássaros cujo nome era o seu próprio canto. Foi assim que soubemos do pó-tò, pó-tò e do bem-te-vi.

Pela tarde, os pássaros erguiam-se finalmente sobre as nossas cabeças em voos precisos, matemáticos, intermináveis. Era quando, sempre em silêncio, crescíamos, e sob o olhar atento da avó aprendíamos a voar.

ANDORINHAS
Manuel Jorge Marmelo

Eram andorinhas e passavam em revoada sobre os telhados. Iam e vinham em formação ordenada, rabiscavam geometrias na manhã fresca e eu recordava-me de tê-las visto também feitas de barro, imobilizadas, em diminuto esquadrão, numa parede qualquer. Eram andorinhas e eu ainda o não sabia. Não recordo quando lhes aprendi o nome, se foi antes ou depois de ter escutado que a sua chegada ao céu da cidade anunciava o início da Primavera. A parede das andorinhas de barro passou a ser um muro onde sempre era primavera. E para mim, que sempre gostei desses dias em que o tempo começa a aquecer, em que as árvores despertam do sono e a Natureza toda sacode os torpores do inverno, as andorinhas passaram a ser uma ave predileta, amiga, bem-aventurada.

De pássaros, porém, sempre soube pouco, como de quase todas as coisas da terra (ignorância de menino urbano, suponho). Só maior reparei e vi a imponência festiva dos pavões, a delicadeza que há no pescoço de um cisne, a beleza pura da mancha dos olhos deles, o assombro de um pato voando; só adulto soube da assombração dos corvos nas árvores de Berlim, só então vi os flamingos-rosa e só agora entendo a claridade que há na penugem negra de um melro.

Nunca cuidei dos pássaros, essa é a maior verdade.

Talvez, suponho, porque nunca quis voar.

AFINAL O ODORICO SABIA CANTAR

Ondjaki

quando lhes trouxeram era só um, depois é que chegou o outro. por isso é que soubemos desde sempre que eram dois. chegaram juntos depois; assim como ia ser no futuro. mas ainda não sabíamos, nós.
— mas jacó também é pássaro?
— se tem asas...
— galinha também tem asas e não voa
— mas jacó não põe ovo
— quem te disse?, já espreitaste no cu dele?
depois vieram nos dizer que não era para estarmos a dizer disparates. que mais tarde podíamos perguntar ao tio joaquim sobre essa dúvida de pássaro ou não.
era lindo o primeiro que chegou. lhe demos o nome de odorico. e outro ia ser e foi o zeca diabo. lindos e sujos, que tivémos que lhes dar banho. mas o odorico a sujidade dele afinal era da guerra,* tinha se safado numa desplosão. quem lhes trouxe foi o comando andré que de vez em quando na guerra lhe davam férias e vinha a luanda.
— andré, jacó fala?
— fala e muito
— fala ou imita?
— de tanto imitar acaba por falar
— afinal??
— sim. afinal.

---
* a maka, é que a sujidade da guerra não sai com banhos...

não sei quem lhes ensinou. o zeca diabo aprendeu bué de palavrões e até combinava palavras para inventar novas ideias. foi assim que aprendemos: "os tomates da tia"; "cona do caralho"; "filho duma quirronca"; "tuparióv masé lá longe"; "ara chiça, cum caralho"; "mais devagar, mais devagar..."; quem ensinava a maior parte das coisas, eu desconfio, era a madalena. ou mesmo o comando andré quando ia lá de noite e ficava a falar com o jacó odorico como se estivesse a falar com os camaradas dele que morreram nesse combate onde o jacó não morreu.

falar, o odorico nunca falou. só eu é que vi e ouvi, mas não podia contar a ninguém porque eu não devia estar ali: o andré tava sentado no chão a fumar e me viu. mas fingiu que não me viu. o jacó zeca diabo estava de boca bem aberta no espanto de ver o outro que nem falava a cantar bem afinadíssimo!

e cantou, o jacó odorico. cantou mesmo: "eu vou... eu vou... morrer em angola... de armas... de armas... de guerra na mão... / enterro, enterro, será na patrulha / granada, granada... será meu caixão..."

o jacó zeca diabo nem acreditava naquilo. eu também não: o comando andré* sentado, a apagar o cigarro, e as lágrimas a caírem na cara dele sem brilho que nem havia lua e nem sei como é que eu vi tudo isso, se calhar estou a inventar agora para mais tarde poder me lembrar bem.

---

* eu também fingi que não vi o comando andré a chorar.

A ALMA DOS GATOS
Paulinho Assunção

Minha mãe dizia de um pássaro que vinha ali pelos fins da tarde e fazia o seu pouso nas grimpas de uma mangueira. Nosso quintal, interligado por trilhas de chão batido com o quintal de nossa avó, tinha nos finais do dia um silêncio fundo, silêncio de lodo, silêncio úmido. E a minha mãe falava desse pássaro, cujo nome aumentava ainda um pouco mais o silêncio daquilo que chamam de hora do crepúsculo, sombras vazadas por entre as árvores, restos de luz, princípios de escuro e escuridão. O nome desse pássaro era alma-de-gato, o *Piaya cayana macroura*, sua denominação científica. Naquele tempo, eu não possuía olhos nem coragem para observar o que o alma-de-gato exibia de esbelteza, sua postura rabilonga, seu castanho-avermelhado do dorso com o cinzento da barriga. Naquele tempo, falar em alma-de-gato significava tocar em territórios sobrenaturais. Para nós, meninos, a qualquer momento a vida-depois-da-morte dos bichanos poderia lançar sobre nós as suas garras de névoa, de fumaça, de fogo-fátuo — assombrações de gatos. Pior ainda porque nossa mãe parecia ter, como nós, os mesmos medos. Mas o tempo avança. O tempo talvez tenha dentro dele um bicho roedor, o tempo se consome. Bem mais tarde, pelos finais dos anos 70, a profissão de jornalista deu-me o privilégio de passar uma tarde em Belo Horizonte com o compositor Antônio Carlos Jobim. Verdadeira enciclopédia ambulante a respeito de passarinhos e passarões, Jobim indicou-me o livro *Da ema ao beija-flor*, de Eurico Santos, lá onde encontrei a saborosa descrição do alma-de-gato.

Lá aprendi sobre o costume desse passarão portentoso em praticar sua musicalidade quase em surdina, nos escondidos das árvores. Lá eu soube do gosto desse cantor pelo canto sem plateia, sem auditório, dado às exibições de música de câmara para bem poucos, quase ninguém entre a gente alada. Sem dizer que, conforme alguns observadores, o alma-de-gato costuma imitar — sem muito esforço de exatidão — a voz das outras aves. Para sempre, então, serei devedor a Tom Jobim no ritual de dissipar em mim o sobrenatural de uma pessoa-pássara tão especial, até mesmo no humor. Ao contrário do que o nome diz ou pode sugerir, gosta de saltitar brincalhona pelos galhos, sem nada de sinistro, sem nada de taciturnidade.

ruas

A RUA E AS ÚLTIMAS CASAS

Ana Paula Tavares

A nossa rua tinha começo e fim. Detinha-se subitamente junto à horta e ao pomar no sítio onde parava o asfalto e começava o capim, uma pequena floresta de mistérios que a noite e o adivinho separavam da cidade, da rua e das últimas casas. Parecia igual a tantas outras ruas com o seu asfalto a desfazer-se sob as ondas de calor, deixando à mostra, em milhares de buracos que interrompiam a rua aqui e ali, umas entranhas de brita, areia, cristais. E era bem diferente a nossa rua, espécie de corredor entre as casas, participava assim da vida íntima das pessoas que chegavam e se habituavam a viver numa casa e numa rua. As portas estavam abertas e os sonhos que começavam dentro de casa prolongavam-se rua abaixo até ficarem, por acabar, junto ao bosque, na música das fontes. Os miúdos percorriam-na para baixo e para cima, empurrando arcos e jogando bolas de trapos. Ali começava o universo e era bom de ver bandos de crianças em volta da luz como pequenos insetos voando doidos em volta dos candeeiros. Pela tarde, velhas lentas e graves, com os seus panos negros, pousavam nas varandas e jogavam à rua as vidas de toda a gente, nas palavras azedas que desfiavam passados e presentes num rosário infinito, interrompido de vez em quando por uma furtiva lágrima, memória de um tempo remoto em que ainda podiam e sabiam amar. Era uma rua de entrar sem saída tanto se confundia connosco, com as vozes, com as últimas casas.

CARREIRAS
Manuel Jorge Marmelo

Havia, e ainda há, a Carreira de Cima e a Carreira de Baixo. São ruas e têm outros nomes, é verdade, mas esses eu não recordo. São as carreiras, a de cima e a de baixo, ruas principais da vila da Castelo de Vide, no Alto Alentejo. Uma passa pela frente da igreja e da câmara municipal, a outra pelas traseiras. E delas saem as pequenas ruas, subindo e descendo, ladeiras íngremes, conduzindo à muralha de baixo e à muralha de cima, descendo para a vila antiga e subindo para o castelo.

Na Carreira de Baixo, à tarde, quando o sol era mais quente naqueles dias de agosto, eu comprava o Corneto de tangerina e sentava-me à sombra de uma casa antiga, num pequeno muro, e ali ficava lambendo o gelado e vendo o tempo passar. Havia pouca gente passando, quase ninguém. A vila adormecia numa sesta lenta e quase só eu habitava as ruas — ou era o que parecia. Hoje ainda não durmo a sesta, mas já não tenho tempo, nem tenho artes, para ficar a ver o tempo passar numa rua deserta.

Na Carreira de Cima, à noite, a vila festejava o intervalo noturno do calor inclemente. A rua enchia-se das cadeiras e mesas transbordando dos cafés, estas enchiam-se de gente e todos juntos ficavam a ver passar os que iam e vinham, iam e vinham, iam e voltavam, até que fosse horas de dormir e a vila voltasse a ficar deserta, apenas os pardos indo de bar em bar, café em café, balcão em balcão, cerveja em cerveja.

E às vezes faltava a luz na Carreira de Cima quando ainda as esplanadas estavam tomadas de corpos. Toda a claridade se apagava e a vila subia até ficar muito próxima do céu, desse mar de estrelas em que só se mergulha quando o rumor das luzes se extingue.

NO MAKULUSU, NA INFÂNCIA
Ondjaki

até hoje não sei o nome da rua. acho que nunca soube.
mas como dizer de outro modo, como outro nome?
também foi anos mais tarde que soube que toda aquela geografia atendia pelo nome de makulusu. o mítico bairro verídico e literário.
durante a semana havia dias em que (eu) dormia lá. eu que nunca fui à creche. eu que sempre fiquei, durante a primeiríssima infância, nesta casa de estórias, personagens, cheiros e afetos. o colo da tia rosa. o amor da tia rosa. as cervejas do tio chico. o amor do tio chico.
as tardes quentes sob o manto musical de roberto carlos e julio iglesias. os cigarros que a irene e a fatinha fumavam às escondidas. eu, que era tão queixinhas, nunca queixei a fatinha nem a irene.
as tardes depois do almoço com a tia rosa a lavar a loiça e eu com o gira-discos a tocar as estórias a não sei quantas rotações. as mesmas estórias. as mesmas tardes. as mesmas pombas na gaiola. os mesmos fins de tarde: o tio chico ainda não tinha chegado; passava o joão valente a rir; depois passava a mãe do joão valente e parava no portão para um minuto de conversa; depois, ao fim mesmo da tarde, haveria de chegar o tio chico. antes mesmo de entrar em casa, um "fino" para matar a sede. e outro. e o terceiro. só então o tio chico podia ir lá dentro mudar a roupa e fazer xixi. quando voltasse, eu teria já tirado um outro fino.
primeiro toque de campainha: senhor osório. ou o dr. gasparinho. ou o mogofores. ou o vaz. ou o hugo, o enorme

primo da tia rosa com a voz dele que fazia estremecer as portas e as crianças. ou o lima. ou o mudo zeca-da-raiz. ou o santos-pera. ou o lindocas.

acho que nunca soube o nome daquela rua. uma das ruas mais importantes da minha vida. uma das ruas onde soube da minha vida. aquela casa vazia, naquela rua sem nome, no makulusu, haveria de doer-me como se eu tivesse engolido a palavra deserto. a casa vazia, a gaiola vazia. o meu pensamento a voar com os pássaros que nunca mais revi nem alimentei.

o nome dela é "rua da casa da tia rosa".

TODAS AS RUAS, A RUA
Paulinho Assunção

Aquele era um tempo em que as ruas eram assim nomeadas: rua de baixo, rua de cima, rua do meio. Ou então assim: rua do Matadouro, rua do Laticínio, rua da Cadeia. A mãe perguntava pelo menino. Alguém respondia: "Foi brincar na rua de baixo". Havia uma menina que morava na rua do Hotel, outra que morava na rua da Farmácia. A chamada rua das Mulheres era uma rua proibida, interditada, vetada, embora todos os meninos quiséssemos espreitá-la. E havia a rua que adquiria o nome do morador mais conhecido: rua Dona Branca, rua do Kilim, rua do Zé do Ré. E, como existiam muitos e incontáveis Zés, havia ruas Zé do Lino, Zé Franco, Zé Londe, Zé da Abadia.

    Essa geografia tão palpável, tão ao alcance da mão. Essa toponímia tão íntima. A rua do primo, a rua do tio, a rua da comadre e do compadre. Talvez o mundo fosse bem menor e o horizonte mais longínquo estivesse no limite do alcançável pela vista. Depois de lá, nada havia. Depois de lá, depois das dobras do horizonte, nada. Foi na rua do Matadouro que, ainda menino, vi um homem atirar em outro homem, vi quando a camisa branca tingiu-se de sangue e o homem cambaleou para o chão. Foi na rua do Cartório que o primeiro amor de repente latejou, pulsou, fez-se um bicho incontrolável, pois a natureza do primeiro amor é mesmo o descontrole, o sem governo.

    Chegava-se à cidade pela rua da Igreja, um longo declive que parecia sumir terra adentro. E pela mesma rua da Igreja ia-se embora. Era a descida para chegar, era a subida para partir. E foi a bordo de uma caminhão azul que fiz o trajeto dessa subida. Quando a rua da Igreja terminava, bem perto da rua das Mulheres, começava a rodovia. Ali era o planalto, o altiplano. Uma vez ali, o horizonte desdobrava-se em outros horizontes. Quando mais se avançava pelo chapadão, mais o horizonte tornava-se inatingível. E o caminhão azul levou-me para as ruas do mundo.

Mas desconfio que toda rua é a continuação das primeiras ruas. Umas são ligadas às outras. Cismo que, pela vida afora, estejamos sempre numa mesma e única rua, rua que se multiplica em esquinas, rua que se abre em outras ruas, ruas que avançam sobre as cidades e os países. Sim, estamos sempre em uma mesma rua, uma rua que, lá ou cá, apenas muda de nome.

sacrifícios

UMA VEZ POR ANO
Ana Paula Tavares

Ainda mal se anunciava a madrugada e toda a gente da casa se preparava para a matança. Os ritmos normalmente lentos que enrolavam as pessoas e a conversa logo pela manhã, alteravam-se: movimentos rápidos, alguma correria e toda a gente com os nervos em franja e a voz uma oitava acima do normal. O fogo já tinha sido aceso no lugar do fumeiro e grandes panelas com água pousavam em cima das brasas.

Nesses dias o padrinho assumia a sua função de oficiante e vestido a preceito afiava as facas com a mesma perícia com que nos dias normais passava o gume da navalha pela tira de couro pendurada ao lado da bacia de esmalte, no quarto grande. Facas, cutelos, pequenos machados e um serrote eram alinhados, por tamanhos, em cima da tábua pequena.

Uma tábua grande de madeira toda marcada pelos sulcos do tempo e a ponta das facas já estava deitada e pronta como todas as tábuas do sacrifício. Todos os animais da casa, normalmente soltos desde as primeiras horas da manhã, ficavam, naquelas horas, presos e em silêncio. O silêncio absoluto dos pássaros aumentava o nosso medo de meninos.

Conhecíamos o porco desde que leitão ainda andava por ali entre a horta e o chiqueiro. Víamos como crescia e engordava e com o passar dos dias ficava nosso amigo. Conhecíamos-lhe as preferências e quando ficava preso (para a engorda, dizia o padrinho) levávamos-lhe cenouras e pedaços de pão. Todos os anos prometíamos com juras e cuspe na testa, nas mãos e nos pés, ficar longe do curral, não ficar amigo de porco e, sobretudo, não o tratar pelo nome, coisa que o tornava quase da família. O último de que me lembro chamava-se *Sebastião*.

O dia do sacrifício era um dia igual aos outros, pacífico e morno, não fosse o silêncio dos pássaros, o barulho das facas e o tamanho da nossa angústia. Ficávamos quietos no quarto de costura da avó, que tinha uma janela virada para o quintal. Só víamos o nosso amigo, quando, em cima da tábua, lhe passavam uma grossa corda de sisal pelas pernas e pela boca. O padrinho respirava fundo e espetava-lhe de um só golpe uma faca na garganta. O sangue enchia um alguidar de barro e depois derramava-se pelo chão. O cheiro a vinagre era então substituído pelo cheiro de carne queimada. O resto dos pelos era raspado com lâminas de marca *gillete* tiradas de uma caixa com o desenho de um crocodilo cortado ao meio.

Sabíamos que tudo tinha terminado quando, após uma lenta cirurgia, erguiam o porco crucificado no meio do quintal. Era então que jurávamos não ser mais amigos de porco, não comer carne nunca mais e parar a brincadeira em sinal de luto.

A traição consumava-se à hora do almoço diante das febras grelhadas.

FATO COMPLETO
Manuel Jorge Marmelo

O meu avô, já o escrevi, afiava os lápis com uma faca e tudo o que sabia escrever era o próprio nome, com muito cuidado e paciência, para não se enganar no desenho de cada uma das letras que compunham a sua limitada e periclitante caligrafia. Para além do afago dos lápis e da paciente escrita do próprio nome que, porém, poucos reconheciam (ele escrevia Ricardo, quase toda a gente lhe chamava José), o meu avô era versado em outras especialidades pouco praticadas na cidade grande. Usava na conversação vulgar palavras que só ele conhecia (lembro-me de que dizia "natamente", ou algo assim, no mesmo lugar das frases em que as outras pessoas usavam "se calhar"), queimava, no inverno, folhas de eucalipto para espantar as gripes e perdia horas a fio no quintal inventando tarefas desnecessárias que ocupassem o tempo deixado livre pela ociosidade da reforma. Era a única pessoa da minha cidade que era adepta de Os Belenenses e talvez o único ser vivo que recordava um renhido Porto-Boavista disputado em mil novecentos e troca o passo, o qual, pela violência com que se disputaram algumas jornadas, alimentou, até ao fim dos seus dias, o rigoroso ódio que dedicava ao clube de futebol portuense que equipa de azul e branco — e que, por acaso e para infelicidade do meu avô, era o emblema da minha predileção.

A mais secreta das artes que lhe recordo, contudo, tinha o seu quê de ritual malévolo e sacrificial. Sem data específica, um pouco ao sabor dos apetites dos moradores da casa, chegava, às vezes, o dia em que era necessário sacrificar um dos coelhos que criávamos numa construção improvisada no quintal. Ignoro a que critério obedecia a seleção do animal a abater, visto que quase todos os nossos coelhos se assemelhavam uns aos outros: eram cinzentos ou acastanhados e não muito gordos. Sei apenas que, enquanto esperneava como se pudesse adivinhar o destino que lhe tinha sido traçado, o animal era amarrado pelas patas traseiras num dos ramos do limoeiro velho e aí continuava a contorcer-se de cabeça para baixo, até que uma pancada seca desferida no cachaço pusesse fim à sua breve aflição. Eu não conseguia ver muita coisa, mas recordo perfeitamente o momento em que, cortada à faca pela altura das canelas do bicho, a pele do coelho era puxada para baixo, inteiriça, como um fato completo, exibindo de uma só vez a carne musculada do coelho. Não recordo o sangue pingando, nem o olhar parado do animal, sequer os contornos da sua nudez. O que, às vezes, ainda me arrepia é o som que o pelo produzia enquanto era arrancado, como se se estivesse descolando, como se algo de vital se estivesse rasgando. Não conheço outro barulho assim.

ERA UMA PALAVRA PERTO DA OUTRA

Ondjaki

> *Vou encontrar o lugar*
> *Onde a mãe despe a pele das casas*
>
> Paula Tavares,
> in Como veias finas na terra

vivi a palavra sacrifício muito perto da palavra amor. um amor indubitável e profundo — por uma criança.

essa criança tem os cabelos de fogo e um corpo que me acalma o futuro. (gosto de espreitar esse futuro e pensar que estamos lá os dois.)

só sei conhecer sacrifícios instintivos porque essa criança existe perto de mim.

...

foi no amor por essa criança que aprendi a desvalorizar a palavra sacrifício. isso é uma espécie de amor.

agora sei.

O ASSASSINATO DO PORCO
Paulinho Assunção

De mês em mês, traziam um porco gordo até o terreiro cimentado, ao lado da cozinha de baixo, pois havia uma outra cozinha no segundo andar, depois de dois lances de escada. Sobre um jirau, colocavam as facas, as travessas, as bacias; no chão, amontoavam as folhas secas de bananeira. Ia então começar o "assassinato" do porco, que era o modo como chamávamos a esse matadouro doméstico.

Aos meninos, concedia-se o direito de assistir ao sacrifício, desde que ficássemos calados e não atrapalhássemos o homem chamado Moché. E assim permanecíamos, nem tão perto nem tão longe, encostados no muro, quietos e atentos, durante o demorado ritual de amolar as facas, de buscar um ou outro apetrecho que faltara, enquanto o porco, roliço e inocente, era mantido preso a uma corda.

O homem chamado Moché então dava sinais de que faria agora o que havia se preparado durante tantos minutos para fazer. Era muito difícil olhar para tudo aquilo, mas eram igualmente sinais de covardia cobrir o rosto enquanto Moché deitava o porco, empunhava a faca maior e fazia o que era para ser feito, tudo se transformava em gritos, era muito difícil ouvir tudo aquilo, e Moché aparava o sangue numa bacia para o chouriço, e esperava, aguardava, até que vinha o silêncio assim parecido com o silêncio depois de uma forte chuva, tudo parecia serenado, uma ou outra mulher já aparecia, pois agora devia-se envolver o porco morto em folhas secas de bananeira e atear o fogo até que não sobrassem mais pelos na pele, o bom torresmo não contém pelos, assim ensinavam, e logo chegava o momento de esquartejar o porco e separar lombos e lombinhos, pernis e pás, tripas para a linguiça, vísceras e miúdos, as mulheres traziam mais vasilhas, alguém vinha com um canivete e retirava um naco de pele assada e provava daquele naco bom e saboroso para a companhia de dois dedos de cachaça, davam ares de festa em volta de tanta carne, ninguém mais se lembrava dos gritos do porco ou mesmo da imagem do porco roliço e inocente preso por uma corda não havia muito tempo ali no terreiro, a mãe sugeria o cardápio da janta e nós distraíamos pelo quintal com outros afazeres, dar comida para as galinhas ou apanhar limão para a limpeza dos tachos, a vida então ficava de novo azulada para os lados dos morros distantes e só de vez em quando vinham uns sustos, uns tremores, uns sobressaltos, mas a carne duraria mais de mês e até lá não haveria outro assassinato.

testemunho

AS COISAS QUE EU SABIA...
Ana Paula Tavares

As coisas que eu sabia e o que eu não sabia sobre Passo Fundo:

Sabia que não estava longe da terra onde tinha vivido o Teixeirinha, coração de luto e as minhas tias a chorar de ouvido colado ao aparelho de rádio e o cheiro a açúcar queimado e o leite derramado por cima do fogão de lenha e as mulheres da aldeia onde não havia cinema a imaginar os filmes e o coração partido de sonhos sobre cavaleiros desaparecidos e por aparecer e Tarzan T. e mil e uma noites acordadas sobre a dura realidade da terra por abrir com as mãos e as enxadas de semear os dias e separar as águas. Chamavam-se Helenas ou Luísas e podiam ser Inês, Iseu, Ambuta, Madia ou Madalena e de noite gritavam de prazer às mãos de vampiros chamados Bentinhos ou Casmurros que não eram da terra e lhes mordiam o pescoço e acordavam as graças.

Sou testemunha de uma terra de ouvir na rádio chamada Passo Fundo, que não tinha rei nem roque mas apenas tias por casar os olhos ávidos a espreitar por detrás da muralha de cedros, enquanto criaturas fortes ouviam as canções desesperadas de Teixeirinha e enquanto velhas corpo rebentado de filhos e trabalho cuidavam dos sonhos de Capitu e outros seres que nem sequer conheciam bem.

O BONÉ DO CAMISOLA AMARELA
Manuel Jorge Marmelo

A despeito do que sugere o adágio preferido dos tagarelas, as memórias também são um bocado como as cerejas. Por exemplo: vi o velhote dos bigodes arrebitados entrar esta manhã no autocarro e reparei que trazia um daqueles antigos bonés dos ciclistas, com uma pala pequenita voltada para cima; um boné da equipa de ciclismo do Boavista, o qual, porém, evocou em mim o ano em que o Manuel Zeferino ganhou a Volta a Portugal depois de uma fuga espetacular, louca, pelas planícies do Alentejo, indiferente à tortura do calor e dos quilómetros.

A passagem daquele pelotão desconcertado pelas Beiras consta de um dos capítulos de *O teu rosto será o último*, o romance de João Ricardo Pedro, assinalando o dia da morte do avô do personagem principal, Duarte. Comentei-o há dias, aliás, com o João Ricardo, precisamente por me lembrar muitíssimo bem da chegada desse pelotão a Castelo de Vide, à Carreira de Cima, talvez porque o meu avô tenha, por minha causa, engolido o seu orgulho e o seu antiportismo ferrenho. Foi ter com o Pinto da Costa e pediu-lhe um boné da equipa — igualzinho ao que o camisola amarela, Manuel Zeferino, trazia na cabeça, e do mesmo modelo daquele que o velhote do bigode arrebitado tinha na cabeça quando, esta manhã, entrou no autocarro.

Lembro-me da vaidade que senti, nesse verão, por ter um boné igualzinho ao do Manuel Zeferino, um boné do Zeferino do FC Porto e camisola amarela, e de o ter usado muitíssimo, a despeito da palinha ridícula voltada para cima.

E também me lembro de, dias depois, ter posto o chapéu para lavar e de ele ter ficado muito desbotado, com os gomos brancos tingidos de azul. Deixei, por isso, de usar o boné. Depois, perdi-o. Mas ficou-me para sempre na memória.

O LADO ABERTO DA FERIDA
Ondjaki

sonhei com o velho muito velho
que inventa as palavras.

que me disse:
"tenho o coração
feito uma ferida aberta".

lembro-me de ter dito:
"inventa a palavra paz".

ao que ele:
"não posso inventar
palavras para mim".

acordei sem paz.

eu queria também
inventar palavras
para outros de mim.

TESTEMUNHOS IMAGINANTES
Paulinho Assunção

Pode ser que um de nós, do outro lado da parede, esteja de fato com a folha em branco do livro que jamais será escrito. Pode ser. Pode ser que este um de nós, do outro lado da parede, pense o mesmo a respeito de nós, nós aqui no escritório, este convés de barco em água seca, nós com esta folha em branco do livro que jamais será escrito.

Pode ser que as mulheres-com-pedaços-de-vogais, essas mulheres que moram na parte escura das estantes, igualmente pensem que estamos com a folha em branco do livro que jamais será escrito, aqui, neste convés do barco que chamaremos de Barco Altazor, sim: uma homenagem a Vicente Huidobro. Pode ser.

Tudo pode ser porque este lugar que habitamos — Minas Gerais, campos sem fim da memória devorante — é um lugar que jamais existiu. Nele vivemos. Nele vamos morrer. Nele fizemos uma morada para que o ato da escrita pudesse nele existir. Pode ser.

Pode ser. Isto nós também ouvimos pelo telefone. A mulher-com-pedaços-de-consoantes diz do outro lado: pode ser. Pode ser.

Pode ser é o que todos dizemos.

terra

TERRA

Ana Paula Tavares

O rosto desta velha é de terra e todo o seu corpo é magma já voltado para o chão de lama pura que a luz não perpassa. É opaca, tem os sonhos por ordem desde há tempos quando viu de perto a cara da medonha a aproximar-se. Três mafumeiras e um imbondeiro passaram mil anos a deixar sementes sobre chão batido e arado com o frio de três lâminas que deixa cicatrizes e fórmulas. Esta velha é já a terra que nela existe e deixa que os antepassados a morem para sempre, estende fórmulas como antigas esteiras e sabe palavras que já não significam nem dizem os nomes e saudações da manhã da tarde e da noite. Arruma-se em panos que já não a vestem, antes são mortalha dos anos vividos a segurar as águas pela mão. Largo é o lugar que agora habita e tem mais chão do que teve a vida inteira, mais surpresa do que a primeira vez que viu o mar e é mais quente que o sonho de batata-doce que desejou sonhar a vida inteira. Lenta cumpre a volta sobre si mesma em vinte e quatro horas não sabendo quantos dias a separam do sol.

TERRA NA BOCA
Manuel Jorge Marmelo

Lembrei-me disto há alguns meses, enquanto via o meu amigo Flávio a fazer de conta que comia terra. Hoje veio-me à memória outra vez: tinha onze ou doze anos e, ao sair da escola a que então se chamava ciclo preparatório, fui agarrado por um pequeno grupo de rapazes que me bateram e empurraram. A dada altura derrubaram-me e deitaram-me numa espécie de canteiro que havia à porta da escola, agarraram num punhado de terra e obrigaram-me a abrir a boca. Meteram a terra dentro da minha boca e fugiram a correr, divertidos e triunfantes, enquanto eu cuspia a terra e me sentia profundamente humilhado. Creio, por isso, que nunca contei o episódio a ninguém, mas lembro-me até hoje, com uma estranha nitidez, do sabor que a terra tinha. Aconteceu há mais ou menos trinta anos. Não havia telemóveis com câmara de filmar nem YouTube, e ninguém conhecia a palavra *bullying*. Eram os anos felizes e Portugal um país sem crime.

PEQUENA LISTA DENTRO DA PALAVRA "TERRA"

Ondjaki

pensávamos que o mundo todo era sempre devagar...

— *lesmas*: as da varanda.
— *vento*: o da varanda ao fim de tarde. luanda cheia de mistérios que eu não soube interpretar até hoje. o desejo de pisar a terra-areia do mussulo fosse mesmo quase de noitinha. e molhar os pés. e não lavar os pés. e ser ralhado porque não tinha lavado os pés antes de entrar em casa ("agora quem vai varrer essa areia toda? vai masé buscar a vassoura que está atrás da porta da cozinha!").

— *vermelha*: a terra dos poemas e do campo de futebol perto da rádio nacional onde jogavam os "caçulinhas da bola".

— *caracóis*: que andavam ali no jardim perto da varanda. o som deles que eu pensava que podia ouvir e que ainda hoje escrevo sobre ele como se o tivesse escutado.
— *terra-poeira:* no pátio da escola "juventude em luta" onde brincámos, e falámos com os camaradas professores cubanos, e também corremos o mais que podíamos no dia que recebemos de gritos abertos o famoso "caixão vazio". nessa terra-poeira-de-tempo também queimámos, não sei porquê, os cadernos das disciplinas que gostávamos menos. não sei, até hoje, se estávamos a queimar um tempo cheio de angústias que viria no futuro vestido de despedidas mal

resolvidas e de abraços adiados. hoje sei: não se adia um abraço. nem um olhar. o corpo cobra mais tarde.

— *poeira-mesmo*: da praia do bispo, depois das cinco da tarde. o cacimbo a cair devagar sobre os ombros e os cabelos. não sabíamos dizer do tempo que iria passar. pensávamos que o mundo todo era sempre devagar. a vida também. afinal foi um sopro — folhas da figueira a esvoaçar pelo quintal inundado da charlita. o muro onde as conversas decorriam. o muro onde nos sentámos a falar de mujimbos e telenovelas, nós todos, os da praia do bispo, incluindo o paulinho e a neusa que por se terem "descortado inimigos" ficaram mesmo um ano sem falar. nunca pensámos que fosse possível até vermos acontecer. assim como a vida nossa de cada um.

— *terra-lama*: a de benguela, no dia que o tio victor nos levou àquela lavra para vermos como era, e apanharmos tomate e batata-doce*. nós, os primos; os de luanda, mas em benguela. com as prendas do dia. com os buraquinhos-cova no sorriso da tia nanda e o tio victor a rir de manhã cedo tipo que o sol lhe tinha entrado pela voz e pelo olhar. benguela que era lugar de poeira nas ruas afinal também tinha lama e foi pela mão do tio victor que fomos saber disso. nós, os de luanda, mas em benguela, com o conhecimento da poeira que tínhamos só da nossa cidade capital. afinal angola era grande.

---

* esta parte é mentira. mas não faz mal. onde fomos apanhar, lavar e comer tomate e batata-doce foi no namibe. um outro tempo. uma outra estória. os escritores são (quase) sempre mentirosos: ou por conveniência ou por ternura.

— *terra*: a do lugar-de-pertença, onde quando o coração transborda e a saudade se aquece, permite então dizer *vou para a minha terra*. onde isso for. onde isso couber no âmago.

— *terra*: textura?

NA TERRA VERMELHA, AS TANAJURAS MASSACRADAS

Paulinho Assunção

O velho motorista que me guiou na reconstrução da imagem do meu pai, para um livro ainda inédito, falou aquela noite que as primeiras chuvas de outubro do ano de 1956 tinham encharcado a terra vermelha da cidade, esta terra ainda hoje com um tom de vermelho que às vezes lembra o jaspe-sanguíneo, e da umidade rebatida pelo sol forte começaram a surgir tanajuras, por toda a parte e aos bandos surgiam as tanajuras com suas bundas redondas e, aos bandos, iam sendo massacradas nas ruas pelos cascos dos cavalos e pelas rodas dos automóveis. Assim, onde não havia calçamento, aquelas bundas de tanajuras massacradas formavam sobre a terra manchas e placas de um amanteigado esmaecido.

Quem passasse pelo largo, me veriam com o meu irmão, nós dois sentados na calçada diante do armazém, entretidos e enlevados, enfiando pontas de gravetos nas bundas das tanajuras. Assim como os cascos dos cavalos e as rodas dos automóveis, rompíamos as bundas das tanajuras, e tínhamos perto dos pés, junto ao meio-fio, sobre a terra ainda encharcada pela chuva, dezenas delas se debatendo em meio à gosma. Eram monturos de tanajuras massacradas e agonizantes, enquanto, ainda longe, do outro lado da cidade, mas cada vez mais perto, aproximava-se a ladainha de uma procissão de Nossa Senhora.

uanga
(feitiço)

FEITIÇO

Ana Paula Tavares

Sou a dona dos cestos e sei das plantas. Sou a mais antiga mulher do lugar e dentro do cesto guardo palavras umas difíceis outras mais fáceis. Sou a que curo, mulher de todos os dias e a que mato, ser de todas as noites. Em mim desaguam rios. A mim vêm montanhas. Sou o eixo da terra nas suas loucas voltas em torno de si mesma. Abelha-rainha sei o segredo do mel e do leite azedo e reservo o fel para regar as raízes que mesmo assim crescem e se prolongam por debaixo da terra que as protege. Sou o lado sombrio da lua e atravessei o eixo do tempo para dar testemunho de toda a tristeza dos lagos e das lagoas. Falo para dar vida às coisas. Frequento o lugar dos deuses. Deles fui esposa, filha e mãe. Não esqueço. Tudo é, para mim, infinito e dói. Ando devagar só porque tenho pressa e vou. Pássaro, pois, a última palavra.

O FUTURO DO CÉU

Manuel Jorge Marmelo

Anoitecia no Funchal.

A caminho do elevador descendente reparei que o crepúsculo entrava — esmagador como um punho — pela janela que o Niemeyer desenhou no primeiro andar do hotel.

Os arquitetos, pensei, são pessoas capazes de inventar o céu do futuro.

E os escritores são indivíduos que imaginam beleza onde apenas existem nuvens. Vapor de água. Nada.

AFAGAR O CORPO DA INFÂNCIA COM TERRA

Ondjaki

o amor é uma coisa bem pequenina...

afagava as mãos
em busca
do corpo da infância.

os dias todos ao contrário
do tempo,
as dores todas sem força de
existência.

a lua. a rua.
a brincadeira.
o chão. as mãos.
os nãos.

pelo fim da tarde
chegava a evidência
do cacimbo.

o ar gélido, a fingir que era
uma chuva lenta.
e o pulmão a cantar
as asmas e as panelas de água quente
para acalmar orquestras.

a mãe. as manas.
o xarope. a avó.
e o pensamento na casa da madrinha.

afagava as mãos
em busca dessas coisas
que fazem o mistério:
o tempo, a travessia, os odores.

o amor é uma coisa tão pequena
que faz despedida
antes de ter chegado.

quero o corpo dessa infância
embebido
em manhã, maresia
e cacimbo.

quero a poeira
e as gotas de manga doce.
o domingo, a pescaria e o mar.
também a terra.

essa coisa toda
de nem ainda saber
quem eu era.

ENFEITIÇADOS

Paulinho Assunção

O que a lua fez conosco foi iluminar na praia os vidrilhos de um espelho partido. Os meninos já brincavam com aquilo, as mãozinhas apanhando os cacos, mosaicos de luz e sombra naquela noite de maio, rebrilho de imagens sobre a areia.

Os barcos. Os barcos fundeados na baía, os pescadores em volta do fogo e nós, ali, chegados de muito longe, meu irmão e eu, despatriados.

Foi quando uma moça. A moça. Ruiva era, dois encantos em cada olho, muitas maravilhas na flor da boca. Cigana ou dada ao dom da leitura de sortilégios. Ela veio, riu e viu pelos faróis dos seus encantos, disse uns ahs e disse uns ohs — quis ver as mãos de cada um de nós.

A ruiva. Ela leu primeiro a minha mão e riu muito do que lia. Viu o cinema do meu destino, achou peripécias no porvir, desengonçadas aventuras das ordens reviradas e das lógicas ensandecidas. E, depois de tanto ler, ela só falou com um riachinho de voz: "Fracasso no amor, fortuna no guerrear".

Calei-me perto dos vidros, ali amontoados pelos meninos sobre a fresca areia da praia. E foi a vez do meu irmão, longeperto eu ouvi e fiquei, atento à sessão, curioso me mantive naqueles zigue-zagues da sorte a ser lida e mapeada.

A ruiva. Ela pegou a mão de Altamiro (nome do meu irmão) e viajou pelas linhas, cruzou cruzamentos do que ia e do que voltava, ele com a palma estendida, ela com os dois encantos dos olhos, lá, ruivosa leitora dos amanhãs. E mais ela lia, mais eu me voltava, coração e alma postos no ouvido, vontade muito imensa de saber do meu irmão, o que lhe esperava lá longe, lá onde ocorrem os acontecimentos mais distantes.

E a lua mais iluminava os vidrilhos do espelho, que era um espelho partido. O fogo lambia o escuro no rosto dos pescadores. As mães tinham levado os meninos, pois tarde era, era noite avançada. E a ruiva com a mão de Altamiro, a mão dele lá estendida diante daqueles encantos, olhos muito vidrados, mais de loba do que de gente.

Fez gelo nos meus ossos, quase levei a mão na arma. Dava para pegar o silêncio, todo ele feito de pedra. E a ruiva com a mão de Altamiro, lendo o que não podia ser lido, enigmas de épocas vindouras, enigmas de épocas passadas.

E então a ruiva largou a mão de Altamiro e rebrilhou com muitas luzes os encantos daqueles olhos. Nada disse. Nada perguntamos. Meu irmão estava pálido e procurou o aconchego do fogo. Fui junto, sentei-me, fiz-me solidário ao nada dito.

E a ruiva então entrou no mar.

varandas

FRONTEIRAS
Ana Paula Tavares

As varandas separavam as casas das ruas erguendo-se ligeiramente em cima dos passeios. De dia eram o espaço do sol, das lagartixas e osgas e também dos vasos de plantas retorcidas pousados nos pilares. Rentes ao chão as sardinheiras e os beijos-de-mulata erguiam-se ao sol, interrompidos aqui e ali por vasos mais bonitos com begónias e brincos-de-princesa. Até às seis da tarde era o vazio, com as suas vozes de grilo e canto das cigarras, que enchia a varanda. Depois das seis da tarde abriam-se os portões para escoar as crianças para a rua e as velhas vinham, lentas, sentar-se em cadeiras de braços a fazer renda e a desfazer a vida de toda a gente.

A nossa varanda era a última da rua, uma rua sem princípio mas com fim porque se detinha ali junto a uma barreira de arame farpado que dividia a cidade das hortas. Árvores imensas constituíam a nossa floresta privada e era só saltar a varanda pelo lado sul para fugirmos à ordem das ruas de asfalto, dos gritos das mães e das madrinhas. A varanda era a nossa fronteira: dali começava e acabava um mundo com direito a bandeira e render da guarda e turnos de vigilância para evitar que os adultos surpreendessem os corpos que cresciam. Ali as nossas regras: igualdade, fraternidade e o tempo todo para viver.

SOBRE O DOURO
Manuel Jorge Marmelo

Houve uma varanda na minha vida, sim. Pelo menos uma que não esqueço, embora tenha sido há muito tempo e já pouco recorde. Era verão — e isto eu sei porque era possível ficar nessa varanda sem muita roupa, indiferente à humidade que subia das águas noturnas do Douro; porque o céu estava cheio de estrelas e era cálido e doce, e era uma festa que, no Porto, só se aprecia completamente sendo verão e podendo-se estar com tempo para ver, sem que nenhum arrepio nos interrompa, sem que a pele se erice, sem que a ameaça de uma constipação sobrevenha. Era verão, garanto. Na cidade e na minha vida, é o que creio. Foi, porém, um verão efémero. Aquela varanda foi minha apenas por uma noite, duas no máximo. Mas não a esqueço, ainda que tudo o que era a minha vida de então, ou quase tudo, se tenha vaporizado no ar, como um desses nevoeiros que, às vezes, acordam pairando sobre o Douro e logo, com o correr da manhã, se desfazem num céu prodigiosamente azul. Perdi, desde logo, a inocência dos meus dezoito anos. E também perdi Olga, a dona da varanda, colega de escola. Olga. A moça que fazia *topless* nas praias da Foz e tinha seios rijos e brancos como as estátuas de mármore. Olga, a que, disseram-me, morreu num acidente de carro. Olga, uma boa amiga que não conheci suficientemente bem. E também perdi o motivo de ter estado naquela varanda, que não era Olga. A única coisa que mantenho é a visão das palmeiras que havia e ainda há num jardim vizinho daquela varanda. Ainda lá estão vigiando o rio, esguias e repolhudas. Ainda o Douro corre cá em baixo. Está quase tudo no sítio, exceto a varanda, que não é minha.

CUIDAR DA CHUVA

Ondjaki

eu esperava as lesmas.
no mesmo modo das libélulas.
a tarde era o meu corpo.
antes do grito-nenhum
das andorinhas.

palavras do cuidador
de pequenos bichos

de que varanda falamos quando enchemos a boca da palavra alma? quantos segredos esconde um olhar?
e uma tarde?
...
os dedos do cuidador de pequenos bichos estavam cheios de terra molhada. os olhos mergulhados no corpo da tarde. uma espiral de nuvens fugia para a esquerda.
havia uma varanda toda aberta. havia um homem nela. dentro do homem respirava a saudade. a varanda é um lugar adequado à pacatez. ali um homem sonha que quer ser bicho e saber dos seus segredos.
veio a chuva. abrigaram-se os bichos.
...
de que varanda falamos quando enchemos um homem de chuva?

O PAI CAI DO CÉU

Paulinho Assunção

A varanda era quase um cinema e ficava no segundo andar da casa. Dali via-se a passagem da vida, o ir e vir da vida, pela praça. Da vida e também da morte, pois de lá também podíamos acompanhar os enterros, o cortejo para os mortos, a caminho do cemitério. Víamos também de lá a passagem das procissões, os pouquíssimos automóveis, uma ou outra carroça, homens a cavalo — e até crimes. De lá, ainda menino, eu vi quando um homem atirou em outro homem em plena rua, vi a camisa do que levou o tiro pouco a pouco se ensanguentar, nunca me esqueci daquela camisa branca pouco a pouco ser tomada pelo sangue. De lá, numa certa tarde, cismei que chegara o fim do mundo e o fim dos tempos por causa da cor igualmente sanguínea que, de repente, foi invadindo o azul do céu. Era, de fato, apenas um inocente e surpreendente pôr do sol, mas a força daquelas combinações de tons no horizonte significava, nos meus sete ou oito anos, que alguma coisa espantosa aconteceria. Talvez fosse o próprio apocalipse, do qual tanto se falava nas rezas e nas orações.

Naquele tempo não chamávamos às varandas de varandas. Eram alpendres. A nossa, com parapeito encerado de vermelhão, tinha logo abaixo uma marquise. Um dia, meu irmão e eu estávamos logo abaixo, sentados no meio-fio da calçada. Brincávamos com tanajuras, aquelas tanajuras de bundas enormes, dezenas delas pela rua. Era dezembro, havia chovido e a terra estava molhada. Pois então o nosso pai caiu do céu. Vimos quando o nosso pai despencou do céu e caiu quase do nosso lado. Sim, não é muito comum um pai cair assim, como se do nada, como se fora um anjo ou uma fruta despencada de uma árvore. Mas ele caíra. Nosso pai, ao limpar a marquise, ao tentar retirar dela ciscos e outras quinquilharias — nunca soubemos bem o porquê nem para quê —, sim, ao fazer isto, ele caíra. Ficamos então ali, com as tanajuras aos nossos pés e o nosso pai ao lado, caído, com apenas um corte, um mínimo corte na testa.

Ele morreria poucos anos depois pelos modos de um outro jeito de morrer, muito embora naquele dia, por um instante, um tipo de morte, desde a varanda, se anunciasse.

ziguezagues

ANDAR DE ARCO
Ana Paula Tavares

O mundo era, então, pequeno, pouco mais que um nada, uma rua, as árvores e as casas. Toda a gente andava direita, exceto nós e o Amboal. A cerveja fermentada fazia o Amboal oscilar como se o chão, de asfalto, fosse areia movediça. Já nós, era mais o arco que empurrávamos às voltas em compasso com a nossa própria respiração. A noção de equilíbrio não fazia parte de nenhum território conhecido. O nosso mapa era marcado por lagartixas, caracóis e pássaros. O tempo e os lugares pertenciam-nos por inteiro e, empurrando o arco com o corpo enfunado ao som do vento, descíamos a rua em círculos procurando as palavras, ouvindo os grilos.

Entre chão e estrelas andávamos por lentíssimos caminhos que nos levavam a sítio nenhum do princípio ao fim da rua. A vida não tinha portas fechadas, fazia-se a céu aberto enquanto engolíamos devagar o sol, o riso, pão com marmelada.

Os primeiros mortos vieram morar na nossa divertida travessia e sem data marcada as primeiras fronteiras tomaram corpo no território do infinito. Diante do espelho de sombras tomámos então contacto com as grandes dobras da vida. Já morávamos no labirinto e sobre as nossas cabeças de anjos tortos pendia a profecia: escolher, subir e descer, andar de lado, perder o pé e começar de novo. O silêncio das palavras, esse, ficou para sempre.

MOVIMENTO OBRIGATÓRIO
Manuel Jorge Marmelo

Há todos os anos uma noite durante a qual ninguém, na minha cidade, consegue caminhar em linha reta, por muito que queira, por muito que tente. Há casos em que isto sucede por ter este ou aquele bebido já um pouco demais; não são tão poucos como isso, na verdade. Na noite de S. João há sempre a tendência para se beber um ou dois copos em excesso, até um pouco mais. É o que sucede nas festas. Mas o caso é que, mesmo que reste alguém sóbrio e com vontade de tentar ir do ponto A ao ponto B pelo caminho mais curto, a tarefa será praticamente impossível de cumprir, pois, dos Aliados ao Rio, das Fontainhas à Vitória, sempre haverá várias multidões enlouquecidas dificultando o caminho, atascando-o de felicidade, ora guerreando com martelos de plástico, ora dançando, ora correndo, ora saltando fogueiras, ora acotovelando-se no espaço exíguo para ver os fogos de artifício rebentando na noite.

Quod erat demonstrandum, como acho que diziam os latinos. Basta ver o que sucede com as rusgas que os jovens formam dando-se as mãos para não se perderem no meio da maralha. Olhando de longe e do alto, qualquer dessas cordas de corpos tentando avançar entre a multidão depressa se transforma numa espécie de lombriga bailarina, enquanto curva para um lado e para o outro para evitar os obstáculos. Vista assim, aquela é a própria figuração do ziguezague, do mesmo modo que é este o movimento que, há muitos anos, associo às mais felizes noites da minha inocência. Porém perdida, porém perdida.

ZIGUECASAS

Ondjaki

1.
na cidade é que era: circulávamos. de tarde em tarde: casas.

cada casa um mundo. pequeno mas ainda já grande. cada rua, sua poeira. o sol sabia o modo de se deitar pela espessura da areia.

o sol filtrava os nossos olhos em poeira — na poesia nossa deles.

2.
os olhos das crianças
fintavam o sol.

3.
a casa nossa. a casa da tia rosa. a casa da avó nhé. a casa da tia tó. a casa no mussulo. a casa na escola. as casas da minha rua. a casa do tio victor em benguela.* a casa no colo da minha mãe. a casa nas mãos do avô anibal. a casa no colo da tia rosa. a casa das pombas na casa da tia rosa. a casota do jacaré** do xana na praia do bispo. a casota do

---

*   em benguela ficava uma casa que tinha a piscina de coca-cola mas o tio victor afinal parece que desconseguiu de nos levar lá.
**   há um soviético que jura que viu o jacaré do xana quando (o jacaré) ainda era pequenino.

kazukuta* na casa do tio joaquim. a casota do barril de cerveja na casa do tio chico.

4.
na cidade é que éramos: crianças.
de casa em casa, circulávamos: coletivos lares. afetos nossos, tantos.

5.
vi o sol a rir:
queria dar fuga
aos olhos das crianças.

---

*   o kazukuta era o cão que vivia na casa do tio joaquim na samba. tinha preguiça até de ladrar. não gostava de tomar banho a não ser que fosse o tio joaquim a lhe molhar com a mangueira toda furada e avariada. mesmo sem água nela, o kazukuta adorava que o tio joaquim lhe desse banho. até melhorava das feridas e começava a querer rir.

OS PÉS ESCREVENTES
Paulinho Assunção

A natureza não me concedeu o dom para as linhas retas. E se busco para isto uma explicação, só a encontro nos caminhos e trilhas dos quintais da minha infância, sobretudo no quintal da minha avó Antônia. Ali as trilhas ziguezagueavam pela terra vermelha, sinuavam por entre os pedregulhos de um solo rico em minério de ferro, aqueles calhaus de pedra que, ainda hoje, deles guardo um pedaço, como amuleto, dentro de uma latinha na minha estante. Essas trilhas — e esses zigue-zagues de trilhas — aparentemente ligavam o nada a lugar algum. Só aparentemente, pois com certeza havia um sentido naqueles caminhos curvos e recurvos, espiralantes, um tanto enlouquecidos, através do quintal.

A primeira trilha — a que nomeio como a principal — saía de um nada no quintal de cima e vagava ao lado de duas mangueiras, ladeava um pé de laranja, descia ao lado de um pé de figo, ultrapassava um chuchuzeiro e chegava ao tanque de lavar roupa. Outra trilha — já entre as muitas outras trilhas secundárias — serpenteava por entre as jabuticabeiras, ora sumia ora ia reaparecer um pouco mais adiante e desaparecer de vez no meio de alguns pés de mandioca. Lembro-me de uma trilha que margeava o barranco, lá onde a avó cultivava as suas bananeiras, e de outra bem nos fundos do quintal — e esta dava passagem de fuga para a rua.

Pés andarilhos, no ir e vir dos dias e da vida, de geração a geração, foram os construtores daquelas trilhas, muitas delas ainda bem conservadas naquele chão de terra batida. E, ao pensar nelas, é como se pensasse sobre um curso geral — e pessoal — de estilística, pois tenho comigo que andar é um outro modo de escrever. E se hoje escrevo em zigue-zagues, em zigue-zagues igualmente eu ando pelas ruas do mundo. Sempre procuro a via mais longa e menos econômica para ir ou para voltar. Ando como quem tece — ou borda ou bordeja, daqui para acolá, de uma beira a outra dos caminhos.

SOBRE OS AUTORES

Ana Paula Tavares nasceu em Huíla, sul de Angola, em 1952. É historiadora, tendo obtido o grau de Mestre em Literaturas Africanas de Língua Portuguesa e o doutoramento em História e Antropologia.

Além de poesia (de que se destacam *Dizes-me coisas amargas como os frutos*, Prémio Mário António de Poesia 2004, da Fundação Calouste Gulbenkian, e *Manual para amantes desesperados*, Prémio Nacional de Cultura e Artes de Angola, 2006) e crónicas, tem também publicados estudos sobre a História de Angola e está presente em diversas antologias em Portugal, Brasil, França, Alemanha, Espanha e Suécia.

Manuel Jorge Marmelo nasceu em 1971, na cidade do Porto, em Portugal.

Estreou-se na literatura em 1996 e publicou, de então para cá, em Portugal e não só, romances, crónicas, contos e livros infantis, destacando-se os romances *Uma mentira mil vezes repetida*, editado em 2011, que conquistou o prestigiado Prémio Literário Casino da Póvoa/Correntes d'Escritas 2014; *Macaco Infinito*, de 2016; *Tropel*, de 2020; *Somos todos um bocado ciganos*, de 2012; *Os olhos do homem que chorava no rio*, de 2005 (com Ana Paula Tavares); e o livro *O silêncio de um homem só*, distinguido em 2005 com o Grande Prémio do Conto Camilo Castelo Branco. O romance *O tempo morto é um bom lugar*, de 2014, foi um dos três finalistas do Livro do Ano da revista Time Out Lisboa.

Ondjaki é prosador. Às vezes poeta. É membro da União dos Escritores Angolanos. Está traduzido em francês, espanhol, italiano, alemão, inglês, sérvio, sueco e chinês.

Entre as inúmeras premiações de sua obra, estão: Prêmio Saramago com *Os transparentes* (2013), Prêmio FNLIJ Brasil (2013) e Prêmio Jabuti, primeiro lugar (2010) com *Avó dezanove e o segredo dos soviéticos* e terceiro lugar (2014) com *Uma escuridão bonita*. Seus livros publicados pela Pallas são: *Há prendisajens com o xão*, *A bicicleta que tinha bigodes*, *Uma escuridão bonita*, *Ombela: a origem das chuvas*, *O assobiador*, *O convidador de pirilampo*, *Materiais para confecção de um espanador de tristezas* e *A estória do sol e do rinoceronte*.
[www.kazukuta.com]

Paulinho Assunção nasceu em São Gotardo, Minas Gerais, em 1951. É poeta, ficcionista e jornalista. Publicou, entre outros, *Cantigas de amor & outras geografias* (poesia, 1980), *A sagrada blasfêmia dos bares* (poesia, 1981), *Diário do mudo* (poesia, 1984, vencedor do Prêmio Cidade de Belo Horizonte de 1983), *Livro de recados: de menina para menina* (infantojuvenil, 2000), *Pequeno tratado sobre as ilusões* (contos, 2003, vencedor do Prêmio Minas de Cultura — Guimarães Rosa, de 1998), *O hipnotizador* (novela, 2008), *Fritz Teixeira de Salles: um Quixote irresistível* (biografia, 2008), *O nome do filme é Amazônia* (infantojuvenil, 2010, finalista do Prêmio Jabuti), *Maletta* (crônica, 2010) e *Bilhetes viajantes* (infantojuvenil, 2012). A convite de Murilo Rubião, foi membro da Comissão de Redação do "Suplemento Literário de Minas Gerais", em 1983. Viveu na Argentina (1973), Peru (1975) e Estados Unidos (2001). Mora em Belo Horizonte.

Este livro foi impresso em julho de 2021,
na Imos Gráfica, no Rio de Janeiro.
A famílias tipográficas utilizadas foram
Lust Display, Century Gothic e ITC Stone Serif.
O papel utilizado foi o pólen soft 80g/m², para o miolo,
e o cartão 250g/m² para a capa.